大学現役合格のために、親が読みたい本

# 受験に勝つ子どもの育て方

「河合塾」英語科講師
二本柳啓文
Nihonyanagi Hirofumi

内外出版社

# はじめに

新型コロナウイルスの影響で、受験生はこれまでにない試練を強いられました。

はじめて受験に直面するだけでも子どもたちは緊張感でいっぱいなのに、休校が長引き、生徒たちは「勉強が足りていない」という思いを抱きながら、受験当日を迎えるのです。

来年度以降も同様で、高1、高2の新学期に2か月も休校だったわけで、その分の単元については、しっかりと理解しないままに受験に向かっていくことになります。オンライン授業で埋めていたとしても、本人たちは「この部分がよくわかっていない」という不安を抱えているでしょう。


しかし、考え方を変えれば、受験生のだれもが同じ条件です。

ひとりだけ不利になっているわけではないので、そこは気にしすぎず、自分の勉強を信じて突き進んでいただきたいと思います。

我々塾講師も、最後の最後まで、子どもたちを叱咤《しった》激励しながら第一志望合格を祈っています。

ですから、保護者のみなさんも、

「どうなの？　勉強が足りてないいんじゃないの？」

「休校中、全然理解できてないところをどうするの？」

など、本人が一番気にしていて不安に思っていることを、どうか聞かないでください。

保護者の不安は少し解消されますが、その分、子どもたちの不安が増してしまいます。

子どもたちはどの段階でも、受験については不安です。まして、休校が長引いて勉強が足りないハンデは、どうにも解消できません。保護者の方には、そこを理解していただきたいと思います。

では、保護者のみなさんは、いったいどうすればいいのか。

実は、親子の関係は、受験の成功に大いに関わりがあるのです。親子のよい関係性が築かれている家庭では、子どもの受験もうまくいく傾向にあります。

逆に、「うちの親、わかってくれていない」と感じている場合は、親子の意見が合わず、子どものストレスは増します。

つかず離れず、気にしたり気にしなかったり。その頃合いの難しさはお察しします。しかし、それだけに、この危うい時代の受験生にできる限りのサポートをしてあげてください。

保護者の励ましは、子どもたちの一番の特効薬です。

「大丈夫だよ、きっとできる!」

そんな声かけは、子どもの本来の力を最大限に引き出す魔法の言葉なのです。

では、どう励まし、どう刺激を与えるのか。本書は長年にわたって私が突き進んできた受験のとっておきの知恵をお伝えすると同時に、最終的に合格を勝ち取るためのやるべきことを示しました。

ひとりでも多くの子どもたちに桜が咲くように、本書ではあの手この手で学習の対策を授けています。保護者のみなさんもぜひ、この本を片手に、子どもたちに挑戦する力を与えてください。そうすれば、お子様のその後の人生に活かせる後悔のない受験を経験していただけると確信しております。

著者

目　次

## 第2限目　受験脳を育てる！学力をグングン伸ばす賢い勉強法

## 第3限目 失敗しない塾選び！授業の種類、費用、設備、使い倒し方

## 第４限目　受験を阻むもの！　部活、恋愛、スマホ、ゲームとの付き合い方

## 第5限目

## E判定でも落ち込まない！ 模試対策と受験校の選び方

## 第6限目

# 絶対合格のために！保護者がやっていいこと、悪いこと

## 第7限目

# まだ間に合う! 受験直前、当日、直後、親子でがんばろう

## ―特別授業―　英語の合格点を奪取する　二本柳流　必勝メソッド

第一限目

# 受験が変わる！ 第一志望合格を勝ち取るための準備と対策

# 「共通テスト」と「センター試験」の違いは？ 不安だけれど、恐れるに足らず！

「共通テスト」が、いよいよ始まりました。なじみのあった「センター試験」から共通テストへ。２０２１年から数年間は、受験生も大学も戸惑いがあるでしょう。

２０２１年度は、１月中旬から２月中旬にかけて３回、実施されます。センター試験のときも、実は毎年２回実施されていました。交通事情や感染症の大流行を考慮し、不可抗力で試験を受けられなかった受験生のために、追試験の日を設けていたのです。

**２０２１年度は、新型コロナウイルスや感染症の影響に伴う学業の遅れ等を考慮し、実施期日が３回設定されています。**

試験問題の傾向、範囲などはどの回も同じ、形式も同じです。難易度も同じ（平均点６

割が目安である）と文部科学省は言っていますが、センター試験の例でいえば、本試験より追試験のほうが若干難しくなる傾向です。

２回目（追試験）は、１回目（本試験）より後に行われるわけですから、出題形式も含めて必然的に難しくなるのではないかと想像されます。

そこで、余程のことが無い限り、**毎年１月中旬の土日に行われる第１回目の試験を受けることをおすすめします。**なぜなら、２回目以降の試験は、日程的にもそろそろ私大の試験にかかってくるからです。

センター試験と同様、受験生は、この試験が終わったらすぐに自己採点をし、その結果をもとに、どの私大を受けるか、国公立はどこにするか、受験の戦略を立てます。

戦略を立てる時間が短いと、すぐに私大の試験が始まってしまう、あるいはもう私大の試験が始まっている状態での共通テスト受験は、精神的にも焦りが生じやすいといえます。

よく、「自分は国公立大学を受けないから、共通テストは受けなくてよい」と、出願しない受験生がいます。

しかし、これは大間違いです。

私大専願の予定であっても、共通テストは受けましょう。

私大の多くはこれまでの「センター利用」と同じように、「共通テスト利用」の選抜機会を設けているところが多いのです。共通テストの中で必要な教科を受験すれば、その結果によって合格が決まります。

もちろん、共通テストだけで合格するのは、一般選抜と比べると募集人数や合格最低点などハードルが高いのですが、**ここで私大の合格が確保できれば、あとは強気で攻められるなど、受験の選択肢を広げることができます。**

また、共通テストはその年の大学受験のスタートとなる大きな試験でもあります。受験慣れする、みんなと同じ一線に立つという意味でも受けるべきです。

## 戸惑っているのは自分だけではない！

共通テストが不安なのは、まず、現役生にとって、最初の紙ベースの入試だからです。このあと、私大の本試験、国公立の二次試験がありますが、すべてのスタートは共通テストです。

幸先がよいのか、不幸にも予想を下回る結果なのか。それによっても、後の戦略が変わる大事な試験でもあります。

その上、共通テストはこれまでのセンター試験とは、中身が違う。

たとえば、英語や国語の長文の場合、答えを探すときに、「ここに書いてあるからこれ！」ではありません。

ここと、そこと、その先と。「3か所に書いてあることをまとめるとこういうことだな、だから答えはこれだ」と情報処理に手間がかかる。

そもそも、センター試験の時代から、問題数は多いです。それが、もっと解くのに時間がかかる。残り時間がない、と焦ると試験はうまくいきません。

ですから、とにかく焦らないで、自分に「落ち着け」と言い聞かせて解いてください。

**「慣れない形式に戸惑っている」のは、自分だけではない。**全国一律に受験生は共通テストを受けるのです。

試験を成功させるには、そして本番で焦らないためには、なにより事前の準備が重要です。では、どんな勉強をしておけばいいか。

2021年度にはじめて共通テストを受ける受験生でも、すでに試行問題が公開されています。

そのほかにも、巷にあふれている参考書に、試行問題を研究したさまざまな模擬試験のような問題が出されています。

それらを解いて、問題に慣れておくことが大切です。とにかく解いて解説を読み、そしてまた解いてください。

2022年度、2023年度の場合は、実際に共通テストの問題が公開されます。2021年度は、新型コロナウイルス感染などの危険を鑑みて、共通テストは全部で3日程あります。

3回目の特例追試はセンター試験問題の過去のストックから作成するようですが、少なくとも最初の2回の問題は過去問として提示され、そのほかに各種の参考書で、共通テストを模した問題を解くことができます。

共通テストの対策本を書店で買うのは問題ないのですが、そのときは、個人の著者のものは極力手を出さないほうがよいと思います。

塾や予備校の講師やスタッフが集団でチームを作り、厳しい分析をした結果、作成したものとどっちがいいか。それは明白でしょう。

**特に、2021年、2022年度は、分析力にものを言わせた大手塾・予備校が作った問題を解いておくことをおすすめします。**

共通テストの勉強は、実は高2からでも十分できます。

高2の夏には、高2向けの共通テストの模擬試験が大手塾には用意されています。まずは2年生のときに参加して、地獄を見てみるのもいい。そこから大学受験を身近に感じましょう。

高2の共通テストの模擬試験は、無料で受けられる場合もあります。地域により日程なども異なるので、インターネットなどで調べてみてください。

| 復習ポイント | 共通テストは必ず受けよう。高2からでも準備はできる |
| --- | --- |

## 大学選びに異変あり！　医学部、工業系、国際性……人気学部・分野は刻々と変わる

受験生にとって、受験校選びは毎年、悩むところです。が、受験前には予測もつかないような受験校の人気の変化が、毎年起こります。

**早慶、国公立上位が人気や憧れの的であることはそれほど変わりませんが、それ以外の大学の注目度は、おそらく保護者の方の学生時代とはまったく異なると思います。**

では、どんな大学、どんな学部に人気があるのか。

ひところは、「国際」と名前がついている大学や学部に人気が集まっていました。授業を英語でやるとか、留学システムが整っているとか、グローバル化が進んでいるということで注目されていました。難易度も一様に高めでした。

ところが、最近では以前ほど注目されていない印象です。

というのも、今や時期の長短はあっても大学で留学するのはあたりまえの時代になりま

した。河合塾でスタッフや個別指導員としてアルバイトをしている大学生も、半数前後は留学経験もしくは留学の予定があります。

また、「国際」という冠が付いていない大学や学部学科でも、さまざまな留学システムを導入し、2週間から1年間の留学までとりそろえ、留学中の単位も置き換えられて留年しなくてすむような仕組みが整っているところも多いのです。

ましてや昨今のこの国際情勢の中、留学そのものがままならない状況です。

したがって、「国際」という冠が付いているというだけで、受験する意味も以前ほど大きくなってきた感があります。

## 工業系の単科大学が人気急上昇

その一方で人気があるのは、専門性に特化した大学です。

ロボットの研究をはじめさまざまな理系の専門性の高い学科を展開している千葉工業大学は、最近どんどん倍率が高まってきています。惑星探査研究、人工知能の研究などを行うなど、理系の学生にとっては魅力の多い大学です。

こういった大学は保護者の方の学生時代には、注目度があまり高くなかったかもしれません。しかし今ではこうした工業大学の人気はめざましいものがあります。

文系であれば、さまざまな資格を取得できるよう、サポートしてくれる大学、就職の面倒見のいい大学などが人気です。名前を挙げればキリがありません。女性を中心に、資格取得と将来の仕事の確保という意味で、看護大学の入学者も増えています。

いずれにせよ、大学在学中だけでなく、将来を見据えたキャリアプランを一緒に立ててくれるような至れり尽くせりな大学が人気というわけです。

## 大学院進学や医学部の人気にも陰りが！

ひところは、「大学に行くなら理系が有利」と言われていました。就職がいいとか、将来に役立つなど。大学院に行って博士号を取ることも、文部科学省が推奨していました。

しかし、大学院に行っても、研究の場が確保されず、研究室に所属できるドクターが限られているなど、将来が見据えられないこともあり、加えて就職も引く手あまたというわけでもないこともあり、理系人気も以前ほどではなくなってきました。

また、理系に比べて自由時間の多い文系学生は、理系の学生が論文で悩んでいる間に、アルバイトや合コンを含め、多角的（？）に楽しんでいます。

そんな背景もあってか、**最近は理系人気と文系人気は１〜２年単位で変わるほどです。**どちらが人気があるかどうかで決めることに、意味はなくなりました。

成績上位者における医学部の人気もまた、流動的になっていると言えます。医者になればステイタスと高収入が確保できるのかというと、それほどでもない、というのが現状です。

新型コロナウイルスの報道でも、医師という職業の過酷さが浮き彫りにされました。また、今後は診療報酬が下がり、従って医師の給料も減っていくのではないかという懸念もあり、それもまた、前述した工業系大学への関心に結びついているのかもしれません。

ただし、専門性に特化した大学が人気、医学部や看護大学は強いといっても、その職業に興味が持てなければ苦しいだけですし、国家資格が取れないと医学部生や看護大学生は悲惨です。あくまで本人の覚悟のもとに、大学を決めるべきだと考えます。

**復習ポイント**

**大学の人気度に惑わされずに、自らの覚悟で進路を決める**

# 「この学校が入りやすい」は当てにならない滑り止め校なのにまさかの不合格も！

受験校を決めるときには、第一志望校だけでなく、滑り止め校が必要です。この滑り止め校を決めるのもなかなか難しいのが、昨今の傾向です。

というのも、中堅校の受験倍率や偏差値が、毎年驚くほどに激変するのです。

たとえば、いわゆる**GMARCH（学習院、明治、青山学院、立教、中央、法政）を本命とした場合に、滑り止め校を決めるのが難しい。**

昔なら、それなら日東駒専（日大、東洋、駒沢、専修）のどこかの大学にしましょう、となったかもしれませんが、今はどれも人気校で、滑り止めにしにくいのです。学部によっては非常に偏差値が高く、GMARCHに受かっても、日東駒専に落ちる、ということも十分にあり得ます。

また、前述のとおり、専門性の高い工業系の大学も、かつては偏差値が低かったとしても今はどこも人気があります。

滑り止めと思ってなめてかかったり、準備が後手に回った挙げ句、ろくに過去問も解かずに受け、あっさり落ちることもあります。

また、**新設の学部は、過去問もなく、倍率もわからないので、注意が必要です。**魅力的なキャッチフレーズで紹介されるような新設学部は、フタを開けてみたら倍率が10倍近くになっている、などということもあります。特に、大学自体に知名度がある新設の学部の場合は、そのような傾向が強いです。

かつては、地方の大学は比較的入りやすいとも言われましたが、地元志向の高まりもあり、それもまたわかりません。

とにかく、どの大学が「入りやすい」かはその年によってまったく違い、我々のような受験のプロフェッショナルでも予想がつかないのです。

どの大学を受けるときも侮らず、真剣に立ち向かっていただきたいと思います。

**復習ポイント**

**新設の学部は、過去問もなく、倍率もわからないので注意**

# 私立大学入学者のなんと50%以上が「学校推薦型選抜」と「総合型選抜」

大学入試は、一般選抜（旧一般入試）について語られることが多いですが、昨今では学校推薦型選抜（旧推薦入試）や総合型選抜（旧AO入試）を合わせると、私立大学に関しては入学者の半数以上を占めるのが実情です。

これらは、おおむね1月から3月にかけて行われる一般選抜に先駆けて、前年のうちに入学が決まるとあって、生徒側や保護者には魅力的に映ります。

また、**学校推薦型選抜や総合型選抜は国公立大学を含め、多くの大学で実施されていて、選択の幅が広がっていることも、人気の理由です。**大学側にとっても確実にかつ多様な学生を獲得できるという利点もあります。

いわゆる推薦による選抜は3つに分かれ、そのほかに総合型選抜（旧AO入試）があります。

## ①「学校推薦型選抜（指定校制）」は、大学が指定した高校が推薦する

「指定校制」は私立大学が中心です。大学が高校を指定し、信頼できる生徒を高校の学校長が推薦し、その生徒のデータで大学側が入学を判断する形です。他大学との併願はできない場合がほとんどです。

高校の学校長と大学との信頼関係の上に成り立つ推薦なので、高校側が推薦した子を翻すことは滅多にありません。が、その学校長の推薦を生徒が得るうえでは、いろいろなドラマがあります。

何人かの候補のうち、**だれを推薦するかは、純粋に学力などの順位だけで決めるのではなく、高校側の「考え方」も加味されるのです。**

当然といえば当然ですが、高校もひとつの事業体なので、大学受験でできるだけめざましい実績を出したい。

成績優秀であちこちの大学に合格しそうな子を指定校制で推薦してしまうと、その子はもう一般選抜を受けないので、その分の実績が得られない。

だから、そこそこ優秀で真面目な生徒を推薦しておく、あるいは、大学進学を熱望して

いるけれど家庭の事情で受験に困難がある子を優先的に推薦するなど。

というような事情も実際には存在するようです。

従来は、書類だけの選考が大半でしたが、2021年度以降は、推薦書（高3時担任が記載）や調査書（評定基準あり）に加えて、適性検査に基礎学力検査、また面接や小論文などをさまざまに組み合わせた選考が必須となります。

出願は11月1日以降で合格発表は12月1日以降となります。

## ②「学校推薦型選抜（公募制）」は、全国の高校から広く出願

公募制の場合、大学が求める出願条件を満たし、高等学校長の推薦があれば出願でき、浪人生の出願もOKとしている大学もあります。

公募制は、さらに「公募制一般選抜」と「公募制特別推薦選抜」に分かれています。

「公募制一般選抜」は、成績基準が設けられることが多く、共通テストを課すか否かが大学によってまちまちです。

一方、「公募制特別推薦選抜」は、スポーツや文化活動、委員会活動やボランティア、地域活動などでめざましい成績を収めたことをアピールします。成績基準が設けられてい

ない場合もあります。

なお、**国公立の学校推薦型選抜は、この公募制のみ。**私立大学に比べて募集人数も少ないので注意が必要です。また、地方の国公立大学では、地域在住で卒業後は地域に貢献することを期待する地域枠推薦選抜というものもあります。

出願日程等のスケジュールは指定校制と同じです。

## ③「自己推薦」は、学校と関係なく自分でエントリーする

続いて、学校推薦型選抜とは異なり、高等学校に関係なくエントリーできる自己推薦についてです。

国公立大学でも実施しているところがあります。高等学校の学校長の許可（推薦は必要ありません）を得て、自分で出願します。

私立の場合はいろいろな形式がありますが、慶應義塾大学文学部の例を紹介しましょう。

書類選考については、学校の成績の評定基準は3年1学期もしくは前期までで4・1以上、つまり一定の成績であればほとんど書類選考は通り、その後小論文（120分）と与えられたテーマについての記述（60分で和文英訳あり）の試験があります。

試験は11月下旬に行われます。どちらの試験も記述力が問われます。あらかじめテーマが示されているわけではなく、その場で示されて書くのも特徴です。

英作文は、小説やエッセイの縦書きの文章に傍線が引いてあり、それを和文英訳をする、というものです。**暗記例文のつなぎ合わせだけでは対処できません。**ただ、あきらめることはありません。

過去問がたくさんあるので、努めて練習しましょう。

その他、幅広い大学で、自己推薦は行われます。それぞれに特徴があるので、よく要項を読んで出願してください。

## ④「総合型選抜（旧AO入試）」は、私立大学の8割以上が実施

総合型選抜（旧AO入試）とは大学・短大・学部が定める「求める学生像」に合った「高い学習意欲」のある生徒を採用する方式です。

総合型選抜を行っている大学は多く、学校推薦型選抜より、出願の間口が広いといえるでしょう。現在では私立大学の8割以上が実施しています。

出願にあたっては、推薦者の推薦文が必要で、基本的には担任の先生に書いていただく

ことになります。在籍学校の学校長への報告や許可もいりますし、受験生自身が作成する書類も多くかつ重要視されます。

選抜方法はバラエティーに富んでいますが、書類作成の準備にも選抜（複数回に及びます）にも時間と労力が必要です。9月1日以降出願、11月1日以降に合格発表です。

学校推薦型選抜（指定校制）の場合は、高等学校が選ぶのでそれほど準備は必要ないですが、その他の選抜はそれなりに準備が必要で、面接などの練習も十分にしたほうがいい。そういう準備をすれば期待もしますし、落ちたときのダメージも大きいでしょう。時期的にも11月、12月になってから決まるので、秋も深まって冬に入っています。

そして、落ちたら気持ちを立て直して一般選抜に賭けることになります。

ですから、**「推薦だけで決めよう！」などと思わないことです。**

結果を待っている間も、一般選抜の勉強は欠かさずやってください。

**復習ポイント**

**推薦と一般選抜は、並行して準備していく**

## 「浪人すれば受かるかも」は考えない！ 現役合格を目標に受験勉強すべし

保護者のみなさんが高校生の頃は、第一志望の大学に受からなかったら浪人する、というのはよくある話でした。しかし、今は浪人して大学生になる生徒は減少傾向です。比較的浪人比率の高い上位校、たとえば早稲田大学の政経学部や法学部は3割程度、創造理工学部と先進理工学部は4割程度が浪人して入学しています。

とはいえ、全体としては浪人は推奨しない方向ですし、私自身も子どもたちにはすすめません。**「とにかく現役で決めるつもりでやりなさい」と伝えます。**

特に、現役時代の秋も深まった頃、自分の実力に不安を感じて、「浪人すればあと1年勉強できるから」というような理由づけで浪人を希望する子には、「それはダメだ」ときっぱりと伝えています。

この時期に河合塾に在籍する浪人生は、本当に火の玉のように勉強するのです。まさに脇目も振らずに自習室に張りついている。

それを現役生が見ていると、カッコよく見えるし、「あのパワーでもう1年やれば、どこでも受かるかも」と思うのでしょう。

しかし、これは完璧な逃げです。ここで目の前の現実から逃げているようでは、浪人してからの伸びも結果も望めません。

浪人生は孤独です。学校のクラスメイトも部活の仲間もいない。そんな中で、ひたすら勉強するのです。想像以上にきつい状況の中で、勉強に向かう。そうでもしなければ、目標を達成することはできないし、それでも第一志望校に絶対に受かるとは言えない。

**保護者にとっても、浪人すれば予備校の費用が100万円ほどかかります。**

浪人でいいや、などという不埒《ふらち》な気持ちを捨て、現役のときに目一杯勉強しろ、と私は言いたい。保護者も、「わが家に浪人なし！」ときっぱりと言い放ち、目の前の勉強にまっすぐ向かわせることが肝心だと考えます。

| 復習ポイント | 浪人を甘く見ない。想像以上にきつい状況になる |
|---|---|

## 「どこも受かりそうもないから留学」は間違い 海外の大学は勉学が厳しく、覚悟が必要

保護者の方の学生時代には、アメリカやカナダなどの大学に留学するのは、恵まれた環境に身を置いているカッコいいイメージがありました。

しかし、今はそんな時代ではありません。「海外で学ぶ」にしても、語学を学ぶだけではなく、外国語を使って何をするのかが求められます。それに、語学力を身につけるだけなら、わざわざ留学しなくても十分可能です。**受験勉強から逃げる、あるいはどこも受からなかったから海外にでも、という考えで留学することはすすめられません。**

最近では日本の大学の「国際教育」も進んでいて、授業の多く、または一部を英語で行い、2年生か3年生で留学を必須にして海外の大学に通い、留年せずに進級できるような学部が増えています。

たとえば、秋田にある公立の国際教養大学、早稲田大学の国際教養学部、獨協大学の国

際教養学部、関西では同志社大学のグローバル・コミュニケーション学部、立命館大学のグローバル教養学部などです。また、青山学院大学の地球社会共生学部は、東南アジアを学びのフィールドにして将来を見据えます。こうした学部では、英語をはじめとした外国語力を自身で磨くことが求められますし、多くは成績を加味して留学先が決まります。

また、海外の大学は日本の文系学部のように、「学生同士のコミュニケーションが楽しい」「講義よりもサークル活動」のような雰囲気ではありません。厳しく予習を課せられ、教室では積極的な発信が求められる。

上位校ほど「日常生活のほとんどが勉強」、というほどの量で、学生個人もそれぞれ自分自身の課題を抱え、「群れる」といったようなべたべたの人間関係はあまり期待できません。ですから、**日本の大学受験に負けるようでは、とても通いきれません。**

留学目的（語学力等）を明確に持ち、覚悟を持って留学すれば、実りは多い。そう思って臨んでください。

**復習ポイント**　**「海外で学ぶ」を理由に、受験勉強から逃げない**

# 共通テストを制す❶ 英語リーディング
# 読解問題だけ！「読める」自信をつけよう

私は英語を教える予備校講師なので、共通テストについては、まずは英語の制し方をお伝えします。

**共通テストでは、発音や文法問題などは出題されません。すべて、読解問題だけです。**

入門段階（高1、高2など）の演習素材でおすすめなのは、センター試験の過去問です。たしかに、センター試験と共通テストは異なります。従来のセンター試験の問題に対して思考力や判断力、表現力を問うのが共通テストと言われますが、センター試験の問題も非常によくできているのです。

センター試験にももちろん、読解問題があり、第3問から第6問が該当します。実は、共通テストの読解問題は、センター試験との類似点が多々あります。

ただ、センター試験は、「本文の6行目から8行目に書いてあることを根拠に正解、つまり、1か所を見るだけで正解」でした。

これが共通テストになると、2か所以上のデータを抽出してそれらを総括した上で、正解はこれだ、と。

共通テストは難解に思えるかもしれませんが、読み取らなければならないデータは増えても、よく似ています。

センター試験の過去問はお金と力を注いでいる分、演習素材としてすばらしい。従って、共通テストとの共通部分があるセンター試験の過去問がいいということになります。

もちろん、我々予備校講師も、センター試験に負けないような模擬試験やドリルを作っていきます。これらを活用しながら、リーディングの問題を制してください。

共通テストの英語には、本来、さまざまな狙いがありました。とにかくそのもくろみのほとんどが、変更や中止になりました。

記述問題を入れる、外部の英語試験を取り入れる、これらはつぶれました。残ったのは、

**「発音アクセントがなくなり、単語や文法の問題がなくなり、一文一文は比較的平易だが文章量の多い読解テストになった」**ということです。

本来は、グローバル化を視野に、英語を「話せる」こと、選択問題だけでなく、「書ける」

ことをテストしよう、と。お説ごもっともですが、やはり1回の試験でみるのは難しい。外部テストの利用も、少し無理がありました。

ケンブリッジ英検と一般的な英検とは、受験料も受験会場の数や内容も違いすぎました。ケンブリッジ英検は、リスニングやスピーキングは2人のネイティブに試験されます。これとほかの外部テストが同列では、差が出すぎるのです。

しかし、共通テストに利用されないからといって、外部テストを「やらない」と決めるのは短絡的です。**外部テストは、自分の英語力をさらにブラッシュアップできる。**ある程度の級を獲得することで、推薦入試のポイントにもなる。

2024年度を目指して、外部テスト利用も洗い直します。また、個別入試において外部テストの結果を合否判定に用いる大学も今後拡大傾向です。

それらをこなす後輩たちに負けないように、今の受験生も余裕のあるときに外部テストをぜひ受けてください。

| | |
|---|---|
| **復習ポイント** | **センター試験の過去の読解問題を解くことが重要** |

# 共通テストを制す❷　英語リスニング
# 難しい問題ほど"1回読み"で解く練習

共通テストの英語の読解問題はそれほど難しくない。それより、リスニングに注力しましょう。

共通テストのリスニングはきつい。

河合塾の模擬試験でも、塾生にやってもらうと、リーディングよりリスニングのほうが一般的に得点が低いのです。

何がきついかというと、**全6問あるうちの、後半の問題がセンター試験と違って1回しか読まれなくなったのです。**

共通テストの英語のリスニングは、後半になればなるほど放送される文章が長くなります。前半は2回読まれます。

これは、レベル差をつけるということと、全部1回読みにすると受験生がパニックになるだろう、という配慮からでしょう。

しかし、難しい問題のほうを1回しか読まないのですから、ハードルは高い。10人中7、8人はリーディングは80点取れますが、リスニング50〜60点はざらにいます。

ですから、**まずはリスニングの勉強の比重を上げていただきたいと思います。**リスニングの実力はリーディング以上に身につけるのに時間がかかり、そう簡単に点数が取れないから、できるだけ早い段階からしっかり準備しなければいけません。

ご家庭にお兄さん、お姉さんがいて、「センター試験とリスニングは変わらないよ」と言ったとしても、それは大間違いです。

共通テストでは、リーディングの場合と同様に処理しなければならない情報の量がセンター試験よりも多くなる。そこがセンター試験よりきついところです。

センター試験でも「リスニングは苦手」という子は、センター試験の「2回読み」のときも聴き逃すことがあったのではないでしょうか。

そうなると、共通テスト後半の「1回読み」のところでは、ほぼ全滅に近い形で終わってしまうかもしれません。

よく、リスニングの勉強というと、一般のいろいろな教材を幅広くやって耳が慣れることが大事、と言う人がいます。

しかし、共通テストのリスニングが終わってしまえば、ごく一部の大学を除いてリスニングは入試にありません。

だから、他のことをやらず共通テスト形式のリスニングに特化してやったほうが効率がいい。

## 自然に聴けることと、問題が解けることは別

要するに、**リーディングは「目で見て解く」、リスニングは「耳で聴いて解く」ということです。**

ですから聴くことに慣れていない段階で、いきなり本番と同じ方法で解いていくと、悲惨な結果になります。

そこで、勉強方法の流れを示しましょう。

【1】試行問題や、模擬試験などの各種予想問題、あるいは2022年度以降は過去問のスクリプトを用意し、まずは聴くのはやめて、目で見て、長文としてしっかり解い

てみる。リーディングとして解く長文の問題としては、それほど難しくありません。勘所は決まっています。どこを聴くと正解になるのか、リスニングのポイントになる箇所を自分なりにマークすることも、必ずやってください。

【2】次は、音読をして解く。スクリプトを見ながら、声に出して10回音読します。その後で、英文を書き取ってみる。

【3】その次は、スクリプトを見ないで、流された音声を声に出して発音する。できるだけ音声について行くような感じで発音する。

【4】最後は、本番と同様に耳で聴いただけで問題を解く。

手間暇かかると思うかもしれませんが、こうやってひとつの問題をしゃぶりつくすのが、結局一番身につくのです。特に【2】の書き取りと【3】が重要です。

**第1問目から第6問まで、1問ずつ同じようにつぶしていきます。**

2021年度は過去問がなく、試行問題しかありませんが、模擬試験等も活用して、できれば各大問につき5~10本程度練習しましょう。

「やっていればそのうち聴けるようになるだろう」ではダメです。自然と聴けるようになって、問題も解けるようになるということはないです。単なる聴き取りと、設問で正解を出すのとは違います。聴き取り能力を伸ばすためだけにやるのではありません。

入試なのですから正解しなければ意味がありません。正解根拠となる部分を意識して練習してください。

慣れるとずいぶん変わってきます。1問につき、先に述べた【1】～【4】をやって、それから次の問題、です。1回1回の作業はラジオ講座のように15分程度でいいけれど、毎日です。とにかく得点が上がるまで時間がかかることは覚悟してください。

解く際には、最初に設問や選択肢を見て、必要な情報を放送が流れる前にさっとつかんでおきます。これも練習です。

「1回しか読まれない」だけがハードルが高いのではなく、放送される英文の文章量が多い。どういう情報をつかめばいいのか、必要な情報をゲットできないで終わってしまうことも考えられます。

2022年度以降に受験する場合は、できるだけ早いうちに、一度試行問題や過去問をやってみてください。

最初は撃沈するかもしれませんが、あまり深刻にならずにトライするといいと思います。体験は早いに越したことはありません。

## リスニングに力を入れるのは、教育のグローバル化

私がこんなに「リスニングの準備に時間をかけろ」と言うのには、理由があります。

配点が高いのです。共通テストでは、リーディングが100点、リスニングも100点です。

リーディングがよくできても、リスニングが悪ければ、非常に不利になります。

ただし、共通テストを、合否判定の過程においてどういう比率で加味するかは、それぞれの大学に任されています。

リーディングとリスニングが1対1のところは、かなり多いです。が、リーディング4に対してリスニング1で合否判定を出すところもあります。東京大学は7：3です。

それらの比率は、おおかた前年の秋くらいに発表がそろいます。共通テストを合否判定に加味する大学では、どちらかというとリーディングの比重を高めに設定するところが多

**いでしょう。**

しかし、リスニングを使わない大学は少ないので、やはりしっかりと時間をかけてリスニングを制覇する必要があります。

そもそも、共通テストでこれほどリスニングに力を入れているのは、学習指導要領で教育のグローバル化を掲げているからでもあります。

これまで以上に英語を耳で聴いて理解し、答えられることが望まれているわけです。この力は、大学生や社会人になっても重要になるので、リスニングの勉強はいやがらずがんばってやってほしいですね。

| 復習ポイント | 最初に設問や選択肢を見て、必要な情報を放送が流れる前につかむ |
| --- | --- |

# 共通テストを制す❸　英語以外の教科
# 「数学」と「現代文」は、難しくなる可能性が！

英語以外の他教科の共通テストはどう攻略するか。

ひとつ言えるのは、試行調査（プレテスト）が2回行われていますが、いずれも**数学と現代文はセンター試験の問題より、かなり難しい印象だということです。**

そのまま出題すると、時間どおりに終わらない生徒が多くなると予想され、本番では試行問題より分量が減ったり、解きやすくなったりすることも想定されます。

とはいえ、試行問題は過去問として解き、わからないところは理解できるようにしておきましょう。

特に、理系の受験生にとっての現代文、文系の受験生にとっての数学は苦手意識を持つとつらいです。

わからないところは学校の先生や塾の講師に聞くなどして、きちんと理解できるようにしておきましょう。

## 「思考させる問題」が出題される

また、共通点としてあるのは、問題形式としてほぼどの教科も先生と生徒の会話文の形式で、途中が穴埋めになっているものが出題されるということです。その教科の何かのテーマについて話し合い、議論をするのです。

「僕はこう思うな」

「でも君のいうのは〇〇でしょ？　違うんじゃない？」

という形式です。

生徒同士が議論して、生徒Aは正しく、生徒Bが間違って答える、というシチュエーションもあります。

**英語にはこの形式はありませんが、数学や現代文も古典も、少なくとも主要教科は意図的に入っています。**

もちろん答えは選択肢になっていて、マークして解答しますが、新学習指導要領による「思考させる問題」として、出題されるのです。

単語を選択肢にするものもありますし、1センテンスを選択する問題もあります。

ユニークな形式ですが、要するに、**答えだけ書けばいいのではなく、正解の流れをきちんと追いかけられているかを見るわけです。**

実は、この形式は、2020年度の最後のセンター試験にも少し出題されていました。塾講師たちはみな、「共通テストの布石だな」と感じていました。

記述問題を出そうか、思考のプロセスを明解にする問題形式にしようかなど、さまざまな案があったのに、どれも宙ぶらりんになってしまった2021年度の共通テスト。結局、残ったのがこの形式だけというのも少し寂しいですが。

それでも、生徒目線で想像してみると、これまでに解いたことのない形式が多々出てくるのは、焦りを感じると思います。難しく感じ、解くのに時間がかかることも十分に予想できます。

試行問題や模擬試験をできるだけたくさん解いて、この問題形式に慣れておくことをぜひすすめます。

また、これとは別に、センター試験の過去問を解くこともすすめます。過去5年分くらいを解いてから、共通テスト形式の問題も解いてみましょう。

順番としては、**まず英語、数学、国語の主要教科から先にやってください。**

理科や社会の分野は、まだ学校で出題範囲が終わっていないこともあります。受験勉強を始めたばかりの早い段階では、センター試験の過去問の英数国を先に解いてみましょう。高3の夏にやっておけば、安心です。

夏休み中はまだ実力が仕上がっていないので、国公立二次や私大などの難しい問題ばかりに取り組んで挫折するより、センター試験の過去問や共通テスト対策をしっかりやるのがいい。

共通テストに関しては、ある程度の演習量は模擬試験や授業内の演習でやらされます。まずは早い段階でセンター試験の過去問を解くのが、共通テストを制する戦略だと私は思います。

**復習ポイント**　**センター試験の過去問をみっちり解くことも成功への道**

休憩タイム

1

## 「オレたち、ワタシたちの頃は……」親の時代の受験はもう通用しない

このように最近のトピックスを見てみると、保護者の方々の受験に比べて、今の大学受験は相当変わっているのではないでしょうか。

また、中学受験や高校受験も、大学を見据えて変わっています。

中学受験で志望する中高一貫校は、大学進学に有利なところを選ぶわけですし、高校受験でみなさんが悩むのも、公立高校や私立の進学校に行ってまた3年後に大学受験を目指すのか、大学の付属校に行って確実に大学入学を果たすのか、そこがポイントになっています。

さらに、大学受験においても、後の進路が悩ましい。大学院に行くのか、就職するのか、具体的に将来を見据えて受験メニューを考えないといけません。

どこまでいっても、子どもがひとりで決めるのは難しい。

まして昨今は社会が大きく変わり、ＡＩの社会的活用による職業選択の変化や、リモートワークができる職業選択など、これまでにない決断が必要になります。

昔なら、親がだんだん引いていくのが普通でしたが、今では、「大学

受験こそ親の関与が必要」です。

職業も、今やＹｏｕＴｕｂｅｒを筆頭に次々親世代には想像できない仕事が興隆します。それも一緒に勉強するくらいのつもりで、伴走してあげてよいのではないでしょうか。

もちろん、子どもの意向は尊重します。

いちいち親が決めるのは控えたい。しかし、親が知っていて、これは子どもに授けたほうがいいだろうという知恵や情報があるなら、示してやりたい。

これから社会で活躍する同志として、関わってあげるのは必須なのではないかと思うのです。

勉強をするのは本人であり、やる気になるのも本人です。しかし、いきなり競馬場のスタートラインに立たされても、走り方もわからず、ぎくしゃくとコースを外れて走ってしまいがちです。

受験学年の秋になって自分で走れるように。我々も保護者のみなさんも、道を外れないように、子どもたちを導きましょう。

第2限目

# 受験脳を育てる！
# 学力をグングン伸ばす
# 賢い勉強法

## 高2の3学期から受験勉強スタート！
## 学校の勉強と小テストを甘くみない

ところで、本格的な受験勉強はいつから始めるのがよいと思われますか？

私が受験のスタート時としてよいと思うのは、高2の3学期です。3年生になる前に心の準備をし、勉強の習慣を身につけ、情報収集ができます。

大手塾も、このあたりから、受験生や保護者向けのイベントなどが多くなってきます。

都会の私立中高一貫校のバリバリ受験勉強させる高校では、部活自体が高2の夏で終了する場合が多く、高2の秋から「やりなさい」モードになります。

公立校の場合は少し遅れて、3年生になってから受験モードになるようです。部活が盛んなら、それを横目に見ながら高3の夏、部活が終わる頃から始めることになります。

いずれにせよ、それまでは、まずは学校の勉強をしっかりやってください。すべての基礎は、学習指導要領に基づいた学校の学習です。

**学校の小テストもとても大事です。英語の単語や国語の漢字の小テストをたくさんやってくださる学校の先生には、感謝してください。**ここで基礎力がつくのです。

もちろん、決められた課題をすべて提出するのも、当然のことです。推薦で大学に行こうとするなら、こうした課題提出などをきちんとすることで、評点が安定します。

## 週1回から、塾に行く習慣をつけておく

では、塾にはいつから行くのか。

塾や予備校の受験に向けたカリキュラムは、高3の4月からスタートかもしれませんが、その前から塾に行くことを大いにおすすめします。

学校の勉強だけでは補えない部分を補強でき、受験の準備ができます。学校の勉強、文化祭などの学校の委員会や部活と塾、三つ巴になってしまいますが、基本的には風呂敷は大きく広げたほうがいいので、行ってみてください。

**まずは週1度でよいと思います。**

絶対にいやだといえば別ですが、可能ならば送り迎えしてもよいから、とりあえず行って、なんとか塾に行くリズムをつかんでくれれば、高3から一気に受験態勢に入れます。

ただ、精神的にも肉体的にも疲れているなと感じたときは、休ませる勇気を持ってください、学校も塾もです。

何も言わずに放っておいて寝かせておくのもありかと思いますが、保護者主導で休ませる以上はなぜ休ませるか、どう休ませるか、いつまで休ませるかということを、事前でも事後でもいいので、子どもに説明しましょう。

これは、**保護者から子どもへ、「ちゃんとあなたのことを見ているからね」と伝えるということです。**「これぐらい休めばきっと元気になるね」と、体調や精神的な状態をしっかりつかんで判断しているということを、説明するのです。

子どもたちは、保護者が自分の状態を知っていて寄り添ってくれているかどうかに敏感です。だからこそ、「見ているよ」ということを表明して、保護者としての「ポイント加算」をしておくことが大事なのです。

それが信頼関係を築くことになります。いずれも、2年生のうちだからできることです。

| 復習ポイント | 子どもが精神的にも肉体的にも疲れていたら、休ませる勇気を持つ |
|---|---|

# 勉強は1週間単位で具体的に決め、〝プチほめ言葉〟でやる気スイッチを入れる

高3までに親子の信頼関係を築いておくことは、非常に大切です。

高3秋口の受験校決定期になって、突然本人の前で仁王立ちになって、「さあ聞いてあげるからなんでも言いなさい！」と言っても無理です。

本格的な受験期に入るまでに、ぽろっと自分の心情なり体調なりを親に言えるような環境を作っておく。そうでないと、受験のアドバイスや励ましすら、「押しつけがましい、私の気持ちをわかってくれない」という受け取り方になってしまいます。

逆に、信頼関係があれば、ちょっと先の目標を言っても素直に受け止められます。今、なんのリアクションがないとしても、とりあえず静かに、冷静に言い置いておくのです。

子どもが「今日やる気がしない」と言える環境を作るのです。ただ、「やる気がしない」

「そうね、やらなくていいわよ」ではなく、

「明日出さなきゃいけないのは、どれ？」

と質問してみます。

**本人は何をやらなきゃいけないのか、わかっています。でも、本人の口から言わせて、聞いてあげる。**そして、

「これだけでもやって寝れば」

と、小さな範囲だけをやればいいように促します。そうすると、子どもが半歩だけ前に出られる。

「勉強しろ！」「もう寝てしまうのか！」

ではなくて、ちょっとひと言ふた言、言える関係性を作ってほしいと思います。

## 気合や根性ではなく、具体的にやるべきことを伝える

子どもたちを励ますときには、具体的に言うことが大切です。

よく、先生や周囲から、受験について、

「気合を入れてがんばれ」って言われて、それが苦痛だと思うときがあると。

一方、塾は

「いつまでにこれをやって、ここまで〇回やると基礎力がつく可能性が高い」

という言い方をします。

受験勉強の期間を輪切りにして、1週間という単位でやれることを提示します。できるだけ具体的に、

「英単語はこうやってここまでやれ」

と言うと、子どもは安心して、ノリやすい。

ご家庭でも、「勉強しなさい」とかいう言い方ではなく、

**「今から15分でいいから」「寝るまででいいから」「眠くなったらやめてもいいから」**

という少し具体的な言い方をして、少しだけやらせてほしい。

言うことをきかなくて、やらずに寝てしまうかもしれないけれど、2年生のうちは厳しくしなくていい。

体調などを加味しながら、「15分だけ」って言ってみてください。

そんなとき、子どもが好きな飲み物を置く、食べ物を置いておく。その保護者の方のやさしさは、きっと心に届きます。

非受験学年のうちに、できるだけ信頼ポイントをためておくのです。1日1ポイントでいいんですよ、ポイント5倍デーとかいらないので、毎日ほんのちょっとしたことで、いいやりとりをしてほしいと思います。

**受験が近づいてくると、苦しいことが多く、保護者に甘えたい瞬間が出てくる。**本当は抱きしめてほしいのです。

できれば、いろいろ聞いてもらいたい、本当は助けてもらいたい。それをつかんであげる、見抜いてあげることが大切です。

高2までのポイントの積み重ねがそれを実現します。2年間の「練習」の蓄積が、保護者の言葉を素直に受け止められる素地になっていくのです。

## 決して否定しない、プチほめるのが特効薬

さらに具体的に言うと、ちょっとポジティブな声かけも大切です。ものすごくほめるのはわざとらしいので、プチほめる、ということです。

親が一番ポジティブなことを言ってあげられるし、臆面もなくほめることもできます。

「部活楽しい?」

「楽しい」

「よかったね」

これでいいのです。**「よかったね」で終わることが大事です。**

「楽しんでばかりいるから勉強が足りないのよ」などと言わないでください。こんなふうに全否定されると子どもはきついです。

弱気になっているときは、

「明日とあさってだけ再トライしてみない？」

「あと1週間だけやってみて、それでもつらかったら考えるか」

と。子どもはいやだいやだといっても、翌朝起きてみたらガラッと変わっていることがあります。あとは半歩がんばって様子をみてから、やめるかどうか考えよう。続けられたらラッキー、そして「さすが！」などと言ってあげましょう。

保護者のそんな小さなひと言が、子どもたちを勉強に向かわせる特効薬になるのです。

**復習ポイント**　**弱気になっていても、半歩がんばらせたら自信がつく**

# 高1、高2でも自宅学習は1日最低1～2時間「上位校を目指す」なら5時間が理想

受験を成功させるには、一定の勉強時間が必要です。勉強の「量」をこなすことが、必要なのです。受験範囲をまんべんなく理解し、記憶しておくためには、それ相応の勉強時間が必要だということです。

では、自宅学習の勉強時間は、具体的にどれくらい必要なのか。

高1、高2の場合、実際問題、1日最低1～2時間しないと学校の課題すらこなせないでしょう。日本を代表する大学を目指すなら、理想は高1で5時間です。

5時間!? と驚くかもしれませんが、全教科となると、合算してこうなります。

でも、実際には毎日そんなにはできませんよね。よくて2～3時間がいいところ。それも、定期試験が近いとか、学内の実力試験が近いとか、何か理由があるときでしょう。そして、定期試験1週間前くらいで、がむしゃらにやる、というのがパターンだと思います。

ただ、1時間だと、学校の小テストの勉強や、課題提出のための調べなど、最低限の勉強しかできません。こうしたノルマをこなすための勉強だけだと、当然ながら大学受験のための「実力」は身につきません。

1〜2時間ではなく、プラスアルファで勉強ができると、実力がつく可能性がより高まります。

とはいえ、受験学年になる前は、部活や委員会、行事なども、子どもたちの生きがいです。それらを十分に味わうことで、3年生になってから「さあ勉強しなきゃ！」という気持ちになるのですから、部活や委員会活動はできるだけ十分にさせてあげましょう。

その分、短い勉強時間で効率よく学べるように、自分で考えられるとベターです。**英単語は行き帰りの電車の中で覚えるとか、その日の勉強の計画は、駅から家に帰るまでの道すがらで考えるとか。**高1からのこうした小さな積み重ねも、勉強時間の獲得や学習の定着に大いに役立ちます。

| 復習ポイント | 高1、高2は小さな時間を使って効率よく勉強する |
| --- | --- |

# 早慶クラスなら10か月で1200時間！学校以外に週30時間の勉強が必要

受験生はどれくらい勉強すればよいのか。早慶レベルだと、受験科目合計で1200時間と言われます。東大の場合は受験科目が多いので、1700時間と言われています。受験学年になると準備期間は10か月しかないと考えると、41週か42週。学校行事その他もありますし、全部フルに勉強できるとは限らない。40週で計算して、早慶の場合で週に30時間、学校とは別に勉強するのが基本です。

**とにかく週に30時間、自分で机に向かう時間を作り、実践していきましょう。**

現実的に考えると、私立志望だろうが国立志望だろうが、どう考えても平日1日4時間机に向かうのが限界でしょう。高1、高2では2時間でもきついと思います。平日1日4時間だとすると、土日に5時間ずつ勉強です。平日2時間だとすると、土日に1日10時間ずつ勉強しないといけない。

部活やほかの用事もあるでしょうし、これでは週末がハードすぎるので、平日も3時間以上は勉強したい。

トップ狙いなら覚悟を決めて勉強をしなければならない、ということです。

また、できるだけ早めに受験勉強を始めて、忘れないように繰り返し演習をしていく必要もあるでしょう。

## 英語500時間、国語か数学400時間、選択科目300時間

1200時間の割り振りは、3教科で受験するとしても、当然ながら400時間ずつではありません。とにかく文系でも理系でも英語の受験勉強時間が一番必要なので、英語の勉強時間は500時間確保する。

英語の勉強に関しては、巻末の「特別授業」でその勉強の仕方を詳しく具体的にレクチャーします。

文系なら残りの700時間を、国語400時間、地歴300時間で割り振ります。

理系は、国語が数学になり400時間、地歴が理科2教科になることもあるので、その分、理科の1教科に振り分けられる時間が文系の社会科より少なくなります。

もちろん、これらは「どの教科も平均的なでき具合」の場合で、どれかが得意、不得意であるとかいうことも、加味します。

当然、不得意な科目があると感じているなら、その科目の分は多くなるので、1200時間を超えて勉強することも検討してください。

特に気をつけてほしいのは文系の国語で、

## 「現代文はどう勉強していいかわからないし、時間をかけても点数が上がらない」

とあきらめて、ほかの学科に時間を費やす子が多いと感じます。

けれど、たとえば早稲田大学の現代文は非常に内容が濃く、選択肢の問題でも生半可な勉強では太刀打ちできません。過去問集（赤本）などの解説を読みながら、1問1問納得しながらやっていかないと、合格点に到達しないので、国語にもそれなりの時間配分が必要です。

慶應義塾大学は小論文を課す学部が多いので、「書く力」を養うための勉強も必要です。また、かなりの長文を読んでの小論文、という学部もあり、短時間に読みこなす力も必要で、これにも、時間を費やさないと難しい。

上位校を受けるなら、「国語は適当でいいや」などと思ってはいけないのです。

一方、理系の場合は数学をおろそかにするわけにはいきません。「解ける」問題を増やしておかないと、合格点に到達しませんし、これにはたくさんの大問を解きこなしておくことが重要で、もちろんそれには時間がかかります。

## 地歴や理科２教科をいかに効率よく勉強するか

そうなると、時間の節約ポイントになるのは、選択教科です。地歴や理科をどれだけ少ない時間で効率よく勉強するかがすごく大切になるのです。

とはいえ、ここで点数を落とすわけにはいきません。やれば必ず点数が上がる科目です。しっかり頭に入れて点数に結びつけなくてはなりません。

英語や数学、国語は合格レベルに到達していても、選択科目が間に合わないという子は多いです。日本史がまだ全然届いていない、理科の演習ができていないなど。やればできるのに、時間がなくてできないというのが、一番後悔する受験です。**なぜならそれは能力ではなく、戦略ミスですから。**

地歴を10か月で３００時間ということは、１週間に７・５時間。理科２教科で理系を受けるとなれば、１教科３～４時間しかとれません。英数国の主要教科をある程度のレベルにしていくには、起きている時間を考えると、これしかない。
保護者のみなさんから見れば、「うちの子、到底間に合わない」と思うでしょう。

**国公立大学を受験する場合は、共通テストの文系受験の理系科目、理系受験の文系科目が、同様に「時間をかけられないし、かけないと点数が取れない」状態になります。**東京大学の受験では、文系でも数Ⅰと数Ⅱ、理科2教科が必要になるので、10月くらいの時点で「絶対に間に合わない」と絶望して受験をあきらめるケースも出てきます。

とてももったいないけれど、手がつけられていなければ、そうなるのです。

1学期に勉強していない、夏にやろうと思ったけれどやることがいっぱいあって、夏の段階で手がついていない教科はもう使い物になりません。

涙をのんで受験をあきらめるようなことが、ないように。

「どんな勉強をするか」以前に、安定した学習ペースを早期に定着させることが何よりも大切になるのです。

| 復習ポイント | 文系なら国語、理系なら数学、解ける問題を増やしておく |
|---|---|

# 選択科目の授業は、できるだけ集中！「寝てしまう癖」を習慣化しないように！

家での勉強時間は限られていますし、特に選択科目は授業を真面目に聞いていないと、教科書を「はじめて読む」ようになってしまいます。自宅学習だけで選択科目が制覇できるとは思えません。

学校の授業の中で、できるだけ覚えておきましょう。

苦手科目となると、授業中に集中力が切れやすく、眠りに誘われることは多いでしょう。ただでさえ部活や行事などで忙しい3年生当初の頃は、なおさらです。

実は、授業中寝るのは習慣化するのです。昼食後は眠いんだよな、とか、あの先生の声を聴くと眠くなる、と思うと必ず寝てしまう。

それは体内時計のようなものです。

けれど、逆に言えば、**そういう習慣化ができるということは、勉強も習慣化できるとい**

**うことです。**

要は、よいタイムテーブル作ってやる癖をつければ、勉強も習慣化できます。

## 一気にまとめてやろうと思っても無理、その場で覚える

自宅学習の時間は限られています。だからこそ、持ち時間の中で効率化してやっていかなくてはならない。

受験勉強は暗記するものが多いですが、暗記しなければいけないものが出てきたら、できるだけその場で暗記するのがベストです。

**知らない単語は、すぐに調べてそこで覚える、後回しにしない。**

一気にまとめてやろうと思っても、疲れて眠ってしまうこともあります。週末は友達と約束がある、家族と外食したからできなかったということもあります。

マメにコツコツ覚えていれば、ちりも積もれば山となる。

覚えられるかな、と心配ならその場で書いて覚えましょう。やっているうちに癖になり、普通に書いて覚えられるようになります。

また、「無駄を省いてできるだけ実績の上がる勉強をしよう」と自分に言い聞かせるこ

とも大切です。声に出すことをすすめてください。

**家に帰るまでに、自宅学習で今日は何をするか、どの問題集や教科書を広げるのか、**せめて、そのシミュレーションだけはやってください。

机の前に座って、「ええと、今日は何やろうかな」ではその時間がもったいないですし、考えているうちに寝てしまうということもあります。

中学受験の場合は、先生の言うとおりにやっていれば合格するということがあるのかもしれません。

しかし大学受験は人によってメニューもさまざまです。だれかにトレーナーをお願いするのではなく、セルフトレーナーにならなければいけない。

保護者も含め、他者からのアドバイスで動くというのを最小限にして、自分で得点につながることを取捨選択していく。それを一番質の伴った量で充実してやっていくことが、最後の「伸び」を決めるのです。それこそが、第一志望に届く鍵になるのですから。

| 復習ポイント | 自宅学習で今日は何をするのか、シミュレーションしてみる |
|---|---|

## 英語、国語、数学はとにかく毎日やる！「好きな」「苦手な」科目の時間配分に注意

自分で決めた勉強時間を守るには、計画性が必要です。

しかし、何曜日の何時からこれをやる、ときっちり決めてしまうとかえって挫折しやすいので、もう少し柔軟性を持たせましょう。

**英語と国語、数学はとにかく毎日やる。**毎日やらないと成績が下がっていきますから、必ず時間を作ってやります。1日最低○分、というように時間を決めることが重要です。

地歴や理科などの選択科目は、積み上げていく単元つぶしの科目ですから、平日は、できるところまでやる。そして、決めた時間の残りの分は、土曜日に必ず今週の授業の復習をする、日曜日は先週の授業の復習をすることで消化する。これも必ずやってください。

好きな科目は、何時間かけてでもやろうとする、それはそれでいいのです。得意なもの好きなものを伸ばすのは大事なご褒美ですし、やることはまったくかまわない。

けれど、数学をやるだけやって何百時間、その時間を１２００時間から引くのでは、当然ながら、ほかの科目が手薄になります。

多くの子どもは、このような形で勉強をしてしまい、苦手科目が間に合わなくなる。国公立の場合は、受験科目が多いので、それがあだになって、あとあと苦しむことになります。好きでやった分は１２００時間の中に入れないことにする。ちょっと大変ですが、他の科目に回す時間をちゃんと確保することが必要です。

**好きな科目については、あえて途中で終わらせるのも、ひとつの手です。**

途中で終わらせて、無理やり寝てしまうのです。翌日勉強するときには、途中からやらなければなりませんから、むしろ「やらなきゃ」という意欲が湧いてきます。翌日の勉強のアクセスをよくする。自分をやる気にさせるひとつの方法です。

ただし、苦手科目の場合は、これをやると混乱した挙げ句にテンションが下がることもあるので、あくまで好きな科目に限ったほうがよさそうです。

| 復習ポイント | 苦手な科目が手薄にならないように時間を確保する |
| --- | --- |

# 解けない問題は、そのまま放置せず「下の学年に戻る」勇気を持つ

演習問題を解くようになると、苦手な分野は解けないし、解いても間違っていて点数に結びつかない場合が多々あります。こういうときに、多くの講師もすすめるのが、**「学年下の、わかるところまでさかのぼる」**ことです。

たとえば、英語の文法が苦手という子は多いです。あまりやっていないから苦手なのです。それで、いきなり問題集をやっても解けないのは当然です。ならば、高校生なら中学の勉強に返るということです。

英文法だったら、文英堂の『くわしい英語中3』とか、学研の『中学英語をもう一度ひとつひとつわかりやすく。』、あるいは語学春秋社の『4コママンガでわかる！中学英文法』などのような中学校の総まとめの参考書を読み、それに付属する問題集を、バカにしないできちんと正解できるようにするのです。

数学が苦手なら、中学校の数学の教科書を開くことだってある。

浪人生はこれをよくやっていますし、功を奏しています。

特に、海外に長く行っていた帰国生の場合、英語を読むときにフィーリングだけで読み、和訳すると、論理性に欠けて解答がうまくいきません。そういう子こそ、中学3年生の文法の参考書や問題集を使ってほしい。国語の語彙力が足りない子は、現代文の難解な用語集をやる前に、中3の用語集を。「半分以上わかる」と思うなら、わからない部分を強化し、わかる部分は定着させるために使うとよいのです。

本人も保護者の方も、「みっともないな」と思うかもしれませんが、本人にとって、これをやったという事実が大事なのです。**受験の問題集でも、高3の問題を解いてもわからないのであれば、絶対に戻るべきです。10問中2問しか正解しないのなら、絶対です。**

中3に戻り、基礎固めができればもっと解けるようになります。こういう勉強を不安がらず、自分を信じてできる子は、受験にも強いのです。

**復習ポイント**

**わからない部分があれば、中学の参考書や問題集に戻ってみる**

## 受験脳を育てるプロセス❶
# 3月、100％勉強の日を作って限界に挑戦

高3からが受験年のスタート。このときまでに助走が完璧にできていて、突っ走って始められることが、理想です。

そこで、受験年の共通テストまでのあらかたのスケジュールをお伝えしましょう。

まず、受験年は4月からではなく、3月から始まると思ってください。

**3月の春休みに、いったん「受験勉強をするならこれくらいやる！」という〝100％の勉強の日〟を何日か作ってください。**

〝100％の勉強〟とは、自分にとってどれくらいか。体で覚えておくのです。

勉強時間や学習量の限界に挑戦するのです。

春休みは塾に行くとかなり勉強することになるので塾に行くのもおすすめですし、自宅学習をするなら、とにかく朝は学校と同じ時間にきちんと起きて、朝から猛勉強してみる。

内容はなんでもいい。2年生3学期までのやりかけの教材の総復習などがよいでしょう。とにかくガリガリと取り組んで、自分の「勉強体力」を知ってください。これが、あとで生きてきます。

保護者の方は、「高3になったら遊べないから、家族旅行にでも行こう」と思うかもしれません。しかし、気を引き締めてください。2泊の旅行はダメです。行くなら1泊。1泊にしようと思っていたなら日帰り。

また、**勉強は90分単位でする訓練をして身につけましょう。**

河合塾の授業は90分単位です。それは、入試の試験時間が1教科90分が最も多いからというのも理由のひとつです。90分まったく同じ勉強でなくてもいいですから、英語なら単語、文法、長文とやっていいので、90分をひとセットにします。

最初はきついと思いますが、徐々に慣れていってほしいのです。

この助走ができたら、幸先よく受験をスタートできます。

**復習ポイント**　**春休みに自分の「勉強体力」を知っておく**

# 受験脳を育てるプロセス❷
# 4月〜5月、気合を入れて勉強に集中

4月は学校も受験の態勢になりつつありますし、塾に行き始めたり、塾で進級したりすることで、「よし！」という気分が盛り上がります。

ただ、この時期はとても目まぐるしい。クラス替え直後の場合は、新たなクラスルームの中で、自分のポジションを確立することにパワーを費やします。仲のいい友達と別れ、あらたな友達ができるケースも。クラス替えをしていなくても、担任の先生が替わることがあり、生徒たちの間では「悲喜こもごも」かもしれません。

また、すでに理系・文系のほか、受ける学校別にクラスが組まれている場合は、周囲の生徒たちが気になり、そわそわするでしょう。部活がまだ終了していない子は、最後の試合やコンテストに向けて力を振り絞っているかもしれません。

とにかく変化が多く、気分的にハイな状態になりやすく、やることも多いので、そのこと自体に疲れを感じるはずです。しかし、本人は、その状況に自分を合わせるだけで精一杯で、疲れを感じていません。保護者のみなさんは、そんな心理状態、身体状態をよく理解した上で、子どもを泳がせてください。**完全無欠を求めてはいけません。**

4月、5月は、ゴールデンウィークもあり、途中休めることもあって、なんとかやっていけます。連休明けから一定の学習ペースが維持できるように、生活ペースそのものをGW中に見直しましょう。

2020年以降は学校や塾が突然休校になるかもしれませんが、それならなおのこと、自宅学習の時間がたくさんあるぞ、と思い直すことです。

とにかく、テンションの高いときはがんばって勉強することです。あとで崩れてきても、しっかりできている月があれば、自分も安心できるのです。

**1学期は、最低でも週5時間から6時間は選択教科の勉強をします。** 授業の復習が半分、それ以前にやったことの復習が半分。それをどの程度やっていたかが、秋にきいてきます。

| 復習ポイント | 疲れを自覚しない、テンションが高い時期に猛勉強 |
|---|---|

## 受験脳を育てるプロセス❸
# 6月、ペースダウンしても、休まず学校、塾へ

ペースが落ちてくるのは6月です。10か月の受験期間で、一番「守り」の時期がこのころなのです。

6月は受験に関係するイベントが何もありません。

5月は3年生になってはじめての模擬試験があり、7月は学校の定期試験がある（6月下旬の学校も）。その後は夏休みが始まるなど、前後はなにかしらイベントや正念場があるけれど、6月は模擬試験はどこもやらないし、3学期制の学校なら定期試験もないし、梅雨の時期で、4月に上がった受験のモチベーションが一番下がりやすい時期なのです。

**梅雨時で湿気が多く、勉強の点でも体調の点でも高水準をキープするのが最も難しい1か月です。**祝日もなく、平日に寝坊できる日がないのも体力を持ち直しにくい原因です。

また、部活を続けている子は、夏の大会やらコンクールやらがちらついてきて、部活に

かける時間も増えがちになります。そうなると、自分で立てた受験スケジュールどおりにいかなくなることもあり、ますますテンションが下がります。

メンタルでもフィジカルでも調子を崩しやすいので、6月は、いかに無難に乗り切るかが大切な月なのです。

唯一あるのが、塾の保護者会です。おおむね6月の頭くらいに行います。

受験生となってはじめての保護者会。塾側としては、夏期講習の誘導というのが裏にあって、保護者の方とコンタクトを取るというもくろみがあるにはありますが、それだけのために保護者の方々をお呼び立てするのではありません。

6月は、受験勉強の単元として、非常に重要なことをやる月です。ここでしっかり定着させることが、受験への大切な過程なのです。地味な月ですが、6月をどう過ごしたかが、あとから差になって表れてきます。

けれど、だるくて体も心も動かない……。

**そんなときは、100%を要求するのはやめましょう。**とりあえず余計なことをしないで、やらなければならないことを80%くらいの達成度でいいから続けていく。予習や復習、単語の練習量を決めているならそのルーティンをこなして、体調維持につとめる。

できれば学校も塾も無遅刻無欠席で行きましょう。ここで大きく休んでしまうと体が覚えてしまって、秋以降、力が出ないのです。ここは腹を据えましょう。

やる気が出ない中、彼らは精一杯外でがんばっています。そんな体を休めるオアシスは、家しかありません。せめて家では鎧を脱いで、本音をさらけ出せる場所であってほしい。心を癒やし、体を休めて、次の日に学校や塾に向かわせてください。

また、この頃には、第一志望校を決めておいてほしい。それがモチベーションにもなるので、早くから定めておいたほうがいいのです。**「そんな偏差値が高いところは無理！」などと言わず、行きたい学校を口に出したら、「がんばれ」と言ってやってください。**

ただ、志望校は決まったものの、あまりにもぐだぐだしているなら、保護者のみなさんだって、がまんの限界があります。

「いい保護者」でい続けることは保護者ご自身にとってもストレスなので、2回くらいがまんして、3回目には「ちょっと！」と注意するのはいいと思います。

そして、睡眠や食事のことを考え、できるだけ健康に過ごせるようにサポートしてあげてくださいと、6月頭の保護者会で申し上げるようにしています。

また、はじめて受験生を迎えるお父様お母様については、どう声かけするのか、どの程度気を遣えばいいのか、すごく迷われると思います。

結論としては、**迷われているのなら一切気を遣わなくていいです。**

リアクションのない背中に向かって、言いたいことを言ってください。

２人以上子どもがいると、長男長女のときに言い過ぎて失敗したとか、言わなさすぎて失敗したとか。その下の子どもは振り子が振れるように言わなさすぎて、あるいは言い過ぎてとなってしまいがちです。それでも、最初から最後まで成功する子育てなんかないのですから、迷っても、思ったとおりに動いてください。

子どもだって、いつもどおりのほうがいいのです。変に気を遣われるより、いつもどおり背中に罵声が飛んできたほうが、「ほら来た！」と、安心できるんです。

そう来るなら、いつもどおりスルーすればいい。

お互いに腹の探り合いをせずに、なんでも言い合える関係性を築くのも６月です。

| 復習ポイント | モチベーションを上げるためにも、第一志望校を決める |
|---|---|

# 受験脳を育てるプロセス❹
# 7月〜9月、夏休みの成果が出なくても心配無用

体調を崩しやすい6月が過ぎ、夏休みになると、学校や塾で夏期講習が始まるところが多くなります。

この時期から、受験勉強も単元の勉強というより、受験の本番に向けての演習が多くなります。高校の範囲から問題を解いていき、試験に備えるということです。

この時期は、自分の得意科目、不得意科目を意識しながら、ひたすら演習問題を解いていくので、自分では「やった、がんばった」という気持ちになっているでしょう。

しかし、意外にも結果が出にくいのがこの時期です。実際、**9月の模試では思ったほどの点数が出ず、偏差値も上がらない。**がっかりする生徒が多いと思います。

この時期、実績が上がらないのは「みんな同じようにがんばっているから」という理由もありますが、別の理由のほうが大きいのです。

受験の学力は、10か月かけてやっと身につくものなのです。夏の段階で試験範囲を全部含めた演習をやっても、それほど点数が取れないのはあたりまえのこと。それに、私立の中高一貫校では2年生の秋にはすべての単元が終わっているというところもありますが、公立高校の場合は、まだまだ試験範囲の学習が終わっていない。

中高一貫校の生徒でも、演習量がまだ十分ではないですし、苦手な単元をつぶし切るところまで至っていない。現役の受験生は最後の最後まで、試験範囲の演習が「追いつかない」という思いを抱えて走っているのです。

だからこそ、**できる子ほど「まだ追いついていない」「こんなんじゃ志望校に受からない」という強迫観念と闘いながら受験勉強をしている。**

その心理をわかってあげてほしいと思います。

暑いのに、夏休みなのに休まずがんばってきたのに成果が出ない、と暗くなっている子どもの気持ちを察した上で、声をかけてやってほしいと思います。

**復習ポイント**　**成果が見えなくても、焦らない、あきらめない**

## 受験脳を育てるプロセス❺
# 10月〜12月、弱気が顔を出したら、叱咤激励

演習問題を重ね、少しずつそれが受験体力になってくるのが秋も深まった頃です。それまでは、いったい自分がどんな学校なら受かりそうなのか、まったくわからない状態でしたが、早い子で9月、そうでなくても10月くらいから光が見えてきます。

逆に、夏までは「あの学校に行けるようにがんばる」と言っていたのが、急に自信がなくなる子もいます。周囲が伸びている中、自分だけが伸びていないような気がする。そんなとき、塾で浪人生を見ると、この時期は一心不乱に勉強しています。彼らは後がないので、それはもう、がんばるわけです。

そういう姿を見ていると、とても太刀打ちできないと思うのか、**「オレも浪人しなきゃ勉強が追いつかない、浪人しよう」**などと血迷う子も出てきます。

しかし、保護者の方は、断固「ダメだ」と言ってください。

この時期、勉強が足りていなくて「浪人」という言葉を出すのは単なる逃げです。そんなことを考えずに、ひたすら演習をしていくしかないのだ、と叱咤激励してください。

ある程度、勉強の成果が見えてきたところで、受験校を決定するのもこの時期です。10月には、学校でも塾でも面談があり、志望校、そして何校受けるのかを決めていきます。

**この時期、自信を失うと、親子共々、「もっと低い学校に行こう」と思ってしまいますが、それはやめてください。**あくまでも第一志望は捨てない。ここからまだまだ伸びると信じて、勉強に向かわせましょう。ポジティブになれるような「最近、○○の教科の成績が上がってきているよね」というような声かけをしてあげてください。学校や塾の面談も開催されるので、不安なことなど、いろいろ相談してもらえればと思います。

そして、10月初旬は共通テストの出願締め切りの時期です。この時期から、本格的に受験に向かっていきます。寒くなりますが、保護者の方も本人も、体調を崩さないように健康に気をつけて向かっていってください。

**復習ポイント**
**受験校を決定する時期、浪人は考えない**

## 受験脳を育てるプロセス❻
## 1月、受験本番、学力はまだまだ伸びる！

年が明けると、受験本番です。正月も大手塾では共通テストを中心に演習を行い、試験時間に合わせた練習なども行っていきます。

となると、子どもも保護者の方も「もうダメだ、全然志望校には届かない」と焦りと失望が押し寄せてきます。塾に出て行く子どもの背中を見ながら

**「うちの子はどこにも行けないいんじゃないか？」**

と、心底不安になる方もいるでしょう。

しかし、あきらめてはいけません。年が明けてからも、まだまだ伸びます。

そう言うと、多くの保護者の方は「今からですか!?」と信じられない面持ちですが、確かに伸びるのです。

お尻に火がついたら、集中力も記憶力も研ぎ澄まされます。

1月中旬の共通テスト前は、共通テストに向けて最後の勉強を1秒も惜しんでやる時期です。実際、どんな子もこの時期はそれなりに集中して勉強をしているはずです。

夜型の子どもも、年が明けたら朝型に戻して、試験の時間に合わせた生活リズムを作ります。風邪をひかないように、人混みに出るときはマスクをし、ソーシャルディスタンスを守るように言いましょう。この年代の子たちはあまり気にしていないようですが、念には念を入れたほうがいいです。当然ですが、手洗いとうがいをつとめて行い、大好きなスマホの表面もアルコールでふき、睡眠もなんとかキープ、栄養もつけてあげましょう。

**共通テストが終わると抜け殻のようになってしまいますが、自己採点をし、私立のスケジュールの最終決定をしたら、またひたすら勉強です。**

このがむしゃらな勉強力が、このあとの私立、国立二次の試験に大きく影響するのです。いつまでも抜け殻のようになっていたら、ぜひカツを入れてください。

のんびりしている場合ではないのです。暇さえあれば勉強するように伝えましょう。

| 復習ポイント | ラストスパート！　集中力も記憶力も高まっていく |
| --- | --- |

休憩タイム
―
2

## 塾の自習室、学校の図書館、カフェもいいね
## "ここが一番"の勉強場所を見つけよう

勉強をする環境は、とても大事です。

覚えるべきことをしっかり覚えて、問題を解くスピードや、答えの理解度を増すためにも、自分にとって最も集中できる空間を作っておきたいものです。

家の自分の部屋が一番勉強しやすいのなら、学校や塾から一目散に帰ってきて、自室で勉強しましょう。これが一番都合がいいし、お金もかかりません。

塾に行っているなら、おすすめなのが自習室の活用です。

塾の自習室は、まさに自分で勉強するために作った空間ですから、集中しやすいつくりになっています。

ほかの学生が懸命に勉強している姿を見ると、お子さんも「やらねば！」と思うものです。

ほかの人とはパーティションで仕切られているので気が散らないし、感染症も比較的気になりません。机も椅子も、勉強のしやすさをよくよく考えて設置されています。

問題を解いていてわからないことがあれば、塾のスタッフに相談することもできる。せっかく塾に高いお金を払っているのですから、活用してください。

浪人生は、塾の自習室がなかば生活空間になっています。朝一番で場所を取って、とにかく1日いる居場所です。

その他、学校の図書室を使う、家の近くの図書館の自習室を使う。そのほかにも、街には意外に無料で勉強できる場所があります。資料館の資料を調べられるスペースで勉強ができる場合もあります。

電源のあるカフェや、コワーキングスペースなども、周囲の人たちが仕事や勉強をしているので、自分も自習しやすいでしょう。

塾の自習室はすぐにいっぱいになってしまう、学校の図書館は学校が休みのときは使えない、カフェやコワーキングスペースは長時間いるとかなりお金がかかるなど、それぞれに欠点はありますが、「ここでなら勉強がはかどる」という場所を持っているだけで、受験に立ち向かっていく力が湧きます。

# 第3限目

# 失敗しない塾選び！授業の種類、費用、設備、使い倒し方

## 高い授業料を払う価値はある！膨大な受験データと不得意科目の克服

受験は塾に行かないとできないわけではありません。学校の勉強と自主的な勉強だけで受験に臨む子たちもいます。

そもそも、学校の勉強は学習指導要領に沿っていて、受験の問題もほとんどがその中から出されるわけですから、学校の勉強をしっかりやっていれば、受験はできる。

私自身も、非受験学年については、学校の勉強をまず主にしなさいと、子どもたちに伝えています。

自主勉強では、学習参考書や問題集を買ってきて自分で解く、というのが以前はオーソドックスでした。実際、これだけで国立大学や慶應義塾大学、早稲田大学クラスに受かってきた50代、60代の方はたくさんいます。

**今は、スマホを参考書や問題集がわりに自主勉強する生徒が多いです。**

スマホで受験の予想問題を調べることもできれば、学習アプリで自分のレベルに合わせた問題を出してもらうこともできる。こうしたアプリの多くは無料で、有料サイトだとしても、それほどの金額はかかりません。

「自主勉強」の方法を取れば、学校以外の教育費はほとんどかけずに、受験をすることができます。

浪人生なども、いわゆる「宅浪」はこのスタイルです。

また、授業のほかに、受験講習をしてくれる学校も増えています。**「塾に行かず、学校の授業と受験講習だけで受験ができる」**ということを、アピールポイントにしているところもあります。

学校の受験講習は、たいていは無料か、かなり安価です。

内容は、学校によってさまざまです。

授業の復習のような内容のものもありますが、中には、「冬期講習」「夏期講習」など、長い休みにはみっちりと受験講習をしてくれる学校もあります。「早慶対策」「英文法速習」などの名前をつけて特別な授業をするなど、まるで大手塾と同じようなプログラムをそろえている学校もあります。

特に、都立の中高一貫校、私立の中高一貫校、私立高校の上位校などでは受験講習にとても熱心です。

この受験講習に自主勉強を加えて受験をすることは可能です。

## 学校の受験講習では、得意科目を伸ばそう

ただ、学校の受験講習と塾とを、使い分けたほうがいいと思います。

私の考えでは、学校の講習は得意科目を伸ばすのに適している。ほとんどの学校の講習では、ちょっと背伸びしたことをするんです。高2で共通テストと似た問題をやってみようとか、高1で英検2級に挑戦、など。

これらは、「点数をなんとしても上げる」ということより、「チャレンジ」に意義がある。それならわざわざ塾にお金を払ってやるより、学校でチャレンジするほうがよいと思います。得意科目ならチャレンジの成功確率は高いし、前向きに取り組めるでしょう。

**学校での講習は、塾と違って、わざわざ行き慣れていない所まで移動する必要がなく、時間的に有利です。交通費もかかりません。**

コンビニに寄る癖がつかないのも、保護者にとっては安心です。学習以外の出費は少なくてすみます。

ただ、いつも授業を受けている先生が講師になる場合がほとんどです。教え方、しゃべり方のパターンが見えているので、新鮮味がないのはデメリットかもしれません。

## 最新の受験情報を収集、「寝ない授業」を追究している

では、本題の受験塾の特徴をお話ししましょう。

「塾は高くて大変」とよく言われます。しかし、受験のための塾がこれほどたくさんあり、高いお金を出して利用している子どもたちが多いのは、当然ながら、「受験に特化」しているからです。

学校は、学習指導要領に沿って確実に学習するほか、集団生活の中でコミュニケーション力を養う、学校行事や部活などで勉強以外の体験をするなど、さまざまな目的で運営されています。

しかし、**塾は原則として受験だけに絞って学習を提供する組織です。志望する学校にいかに入ってもらうか、それだけを考えて指導をする。**受験の情報も広く深く収集していま

す。この専門性が、受験成功の確率を上げているわけです。

また、手前味噌ですが、塾の講師は、眠くならずに聴けるような授業の仕方を、講師ごとにとことん考えて、生徒に集中力をもって勉強させるよう、日々努力を続けている。

特に、不得意科目については、塾や家庭教師でカバーすることをすすめます。

数学や英語などは、苦手な分野があり、そこがうまく理解できないと、後の学習に大きな影響があります。

そこで、**塾講師やプロ家庭教師は、生徒が自信を持てない科目にもちゃんと取り組めるよう、あの手この手で指導する。**そして、勉強が足りない子どもたちに、なんとか力をつけさせて、望む大学に押し込む。

我々はそれだけを毎年やってきました。

受験についてのデータも、常に収集し、発信しています。

最新の受験情報を入手し、たとえば昨年の受験データを分析し、今年の受験に生かすヒントを発信します。

あるいは、個別の大学が今年度どんな受験をするのか、どんな学部が増えて受験の可能性が広がるかなども事細かに受講生に知らせます。

もちろん、受験に特化した面談、相談、本人や保護者の受験に対する悩みや疑問にも対応しています。

学校から家にまっすぐ帰らず、わざわざ足を運ばねばならない。お金もかかる。デメリットはたくさんあります。けれど、高いお金を出してわざわざ行く価値を作っているからこそ、塾はこれだけ存続しているのだと考えます。

## 塾の種類や規模をよく吟味して選びたい

ただ、ひと口に塾といっても、さまざまな種類があります。

小さな塾もあれば、大きな塾もある。集団授業中心の塾もあれば、個別塾というのもある。リアルに子どもたちと対面授業をする塾もあれば、映像授業や学習法だけを提供する塾もある。それぞれの違い、メリット、デメリットを知って入塾しないと、それこそお金の無駄になります。ぜひ、次の項を参考にしてください。

| 復習ポイント | 得意科目は学校で学び、不得意科目は塾で克服する |
| --- | --- |

## 塾の種類：「集団授業」「対面授業」
## 〝上には上がいる〟と、前向きな刺激を受ける

「塾」には、いくつか種類があります。

その多くは、子どもたちの集団に対して講師が対面授業をする、というスタイルです。

まず、「集団授業」「対面授業」についてお話ししましょう。

「集団授業」は、ご存じのとおり、1人の講師が、複数の子どもたちに向かって授業をする形式です。受験にふさわしいカリキュラムを作り、そのカリキュラムにのっとって教室に集まった子どもたちが勉強をしていきます。


**つまり、連続性がある。**

子どもの気分や体調によって、「今日は行くけど来週は行かない」などとやっていると、必要な学習が抜けてしまうので、身につきません。提供されているカリキュラム全体を見通しながら、今自分は何を勉強していて、次にどんなことをやるのか、把握しながら学ん

でいく必要があります。

逆にいえば、自分の習熟度にピッタリ合わせて授業が進むわけではないので、授業をしっかり理解しながらついていかねばなりません。寝ていたりサボったりすると、その分ツケが回ってきます。

しかし、他の生徒の授業への取り組みや理解度を目の当たりにすることができる。これが集団授業の最大のメリットです。

ダラダラしようと思っていたら、隣でものすごく集中して熱心にノートを取っているやつがいる。講師が当てると、自分では思いつかないような鋭い答えをパッと口にするやつがいる。**"上には上がいる"を痛感するのは子どもにとっては衝撃ですが、その気持ちが「やらなきゃマズイ！」につながります。**

ひとりでモチベーションを上げながら勉強をするのはきついです。塾に来て周囲の熱い空気を感じ、自分もその空気に乗せられて自然とモチベーションが上がるのが、集団授業のいいところです。

まして、塾は「対面授業」です。講師と正面から向き合うので、やる気がなさそうなのも眠そうなのも全部丸見えです。塾の講師は生徒を黙って寝かせておきません。そこは、いつでも寝られる自宅とは違います。

特に、男子は「笛吹けども踊らず」というタイプが多いので、そういう子は塾に来てほしい。親が何を言ってもダメ、口を出すとかえってうまくいかない子には特にすすめます。

ただ、「集団」の大きさもいろいろです。河合塾のような大手予備校ですと、1つのクラスは数人から数十人まで多様です。しかし、小規模塾なら1つの授業で5、6人という場合もあるので、目が届くほうに重きを置くなら小さな塾、〝上には上がいる〟という刺激を数多く受けるなら大手塾というふうに、分けて考えるべきでしょう。

新型コロナウイルス感染拡大防止の影響を受け、2020年は塾や予備校も対応を余儀なくされました。対面授業はオンライン授業に変わり、集団授業もソーシャルディスタンスを取り、これまでより少人数で実施されることが多くなるでしょう。

しかし、塾ならではの**「生徒同士が刺激をし合って伸びていく」「講師が合格に向けて熱心に授業をする」**という利点は変わらないと信じています。

| 復習ポイント | 勉強のモチベーションが上がりにくい子ほど塾の対面授業は有効 |
| --- | --- |

## 塾の種類：「個別指導」「家庭教師」
## 勉強の遅れを取り戻し、重点的な勉強に効果的

最近よく耳にする「個別指導」。生徒が塾にやってきて授業を受けるというスタイルは変わりませんが、集団授業を行う塾とは違い、それぞれの子どもの個別的な習熟度に合わせて授業を進めます。多くの場合は２人の生徒を１人の講師が担当します。

**「集団授業の塾ではついていくのが大変」**

という場合には個別指導が適しています。あるいは、

**「特にこの部分を重点的に勉強して成績を上げたい」**

という場合にも有効です。どの教科のどの部分が弱いのか、何をどう伸ばしたいのかを、塾に相談してから授業を始めましょう。

「英語ができるようになりたい」と、漠然としたものでなく、

「英文法のこの単元がわからないからしっかり理解したい」

「数学の偏差値をあと5伸ばしたい」

など、具体的な単元、数字等も含めて伝えたほうが、お互いにやりやすく、効果も上がりやすくなります。遠慮しないではっきりと伝えましょう。

## 学生アルバイトとプロの家庭教師の違い

塾ではないですが、家庭教師も個別指導と同じような目的です。こちらは、家に来てもらう場合が多いでしょう。

知り合いのよく勉強ができる方にお願いするケースのほかに、家庭教師派遣会社のようなところに頼んで、自分のニーズに合う人に来てもらうことも多いでしょう。

**家庭教師の場合、「プロ」と呼ばれる講師もいます。**学生アルバイトではなく、家庭教師を職業として生計を立てている人たちで、それだけに教え方もよく研究し、進学についての知識や経験も豊富な人たちです。その分、学生アルバイトよりも受講料が高額になるケースが多いようです。

塾に出かけていく個別指導と、家に来てもらう家庭教師、の違いはありますが、どちらもオーダーメイドの授業をしてもらうことに意味があるという点では同じです。

ただ、どちらも先生と子どもが近い関係になるため、ともすると仲良くなりすぎ、なれ合いになりやすいので気をつけましょう。

特に、個別指導専門塾は学生など若い講師が多く、年齢も近いため、友達のようになってしまうこともあります。学生の家庭教師も同様です。

勉強中の雑談で、講師が「僕も数学が苦手で、あんまりやらなかったなぁ」などと言うケースもみられます。こうなると、「宿題、やって行かなくてもいいか」などと、気を抜いてしまいます。

**勉強が苦手で逃げ出したくなっている生徒の心をつかまえて、勉強に向かわせるために高いお金を払っているのです。**ほどよい緊張感がなく、なあなあな時間を過ごすだけなら時間もお金も無駄です。

「この講師だとうらの子は勉強に真剣に向き合わないかもしれない」「勉強の目標が達成できない」と思ったら、講師を交代してもらいましょう。

**復習ポイント**

**成績が上がらないようであれば、講師を交代する**

## 塾の種類・「映像授業」
## 時間・場所を選ばず、ピンポイントで学べる

リアルに生徒と授業を行う対面授業のほかに、映像授業があることは、受験生の保護者の方ならよくご存じでしょう。

あらかじめ収録した映像を拠点まで出向いて座って聴講する、あるいは自宅で映像授業をダウンロードして見るタイプの授業もあります。

**映像授業の最大のメリットは、都市部に住んでおらず、近くに塾がない場合にも、授業を受けられること。**

それも、非常にたくさんの授業が用意され、好きなときに見られるので、忙しい受験生には助かります。

いわゆる大手予備校の多くはこのタイプの授業を配信しています。

また、もともとリアルの講師は常駐しておらず、映像授業を多数用意して、チューター

（授業のサポート役）を置いて質問に答えるような「衛星予備校」などと言われるところもあります。テレビに出てくるような人気講師の授業も家にいながらにして見られることも、人気の理由でしょう。

さらに、**私がメリットと感じるのは、受講できる授業の種類が非常に多いことです。**

たとえば提供する予備校によっては、「早稲田大学政治経済学部受験者のための数学」というような、ピンポイントの授業も受けることができます。

自分の好きな時間に自宅で、あるいは自宅近くの場所で、自分が本当に受けたい授業を受けることができるのが、映像授業のよさです。ふだんは対面の授業を受け、映像授業で細かい部分をカバーすると考えれば使い勝手がいいでしょう。

提供する予備校（河合塾マナビスなど）によっては、視聴するスペースや自習室を完備し、ヘッドホンをつけて講義を受けることができます。集中できる環境の中でメモを取りながら聴けて、その場で勉強することもできるので、ニーズも大きいようです。

## 子どもたちの理解度は想像以上に大きい

映像授業では講師とリアルに対面するわけではないので、「これで理解できるのか」と保護者の方は心配になるかもしれません。

しかし、今の若い世代は、映像で理解することに非常に慣れています。ＹｏｕＴｕｂｅなどの映像を日常的に見ていますし、ＹｏｕＴｕｂｅのチャンネルの中には、受験生向けの授業も数多くあります。こうした映像を見慣れているので、抵抗感もないようです。

ただ、危険を感じるのは、子どもたちが映像授業を見終わって「あー、終わった終わった、わかったぁ」と満足してしまうことです。

**授業は「わかった」だけではダメなのです。問題を解けなければ意味がない。**

もちろん、対面授業にも同じことが言えるのですが、定着率には違いがあると感じています。また、対面授業の講師は授業中に生徒を指したり、簡単な問題を出すこともあり、その場で理解したことを定着させる工夫を凝らしています。

自習室で映像授業を見る場合には、チューターにわからない部分を聞くことも多少できますが、なにしろ膨大な数の授業がストックされているので、どの授業のことを聞かれてもすぐに対応できるとは限りません。

映像授業では、対面授業よりさらに集中度を高め、疑問点を抽出し、定着の努力をするなど、自分なりの工夫が必要です。

コロナウイルス感染拡大防止のために、どの塾も対面授業を控えました。そのときに始めたオンライン授業も、この映像授業のひとつです。急遽《きゅうきょ》行った授業なので、双方向になっていないものが多かったと思います。

しかし、不完全であれ、今後も感染の状況によっては、オンライン授業が必須のものになっていくでしょう。

**一方で、塾や予備校は、やはり対面授業があってこそです。**生徒にとっての授業の魅力は、手前味噌ですけれど、そこにあると思います。

2020年は講師と生徒がコミュニケーションを取る前にオンライン授業になってしまいましたが、6月に対面授業が始まってみると、最初は戸惑っていた生徒が、授業が終わると、いい感じのため息をつく。「ああ、もう終わりなのか、残念」というような。

生徒諸君もあらためて対面授業のよさを再認識してくれたようです。

| 復習ポイント | ただ聴くだけでなく、問題を解く力を身につける |
| --- | --- |

## 塾の選び方❶　クラス分けが3つ以上ある塾で、ちょっと背伸びしても、第一志望のクラスに入る

塾を選ぶときは、まずクラス分けに注目してください。

塾のクラス分けは学校の1組、2組……の分け方と違って、学力別になっています。

学力別を基準とした1学年のクラス分けが、できれば3クラス以上に分かれていたほうがいい。高校生の場合は、文系・理系の分け方もあるので、本来はさらにクラス分けが多くならなくてはいけないはずです。

大手塾では、少なくとも受験学年に関しては、志望校別の分け方をしているところが多いです。

**大学受験の場合は「国公立クラス」「早慶上智クラス」「GMARCHクラス」のように分かれている。**中学受験や高校受験でも、同様に志望校別にクラスが分かれていることがあります。

志望校別にするのは、それぞれ受験科目や試験の形式などに大きな差があるからで、第一志望校の受験科目や試験問題の傾向に合致する授業を受けることが、合格への近道になります。

たとえば、国公立大学の場合は、共通テストと二次試験があり、科目も私大よりも多いのが普通なので、国公立志望の場合は、私大とはまったく異なる学習や対策が必要になるわけです。

私大の場合も、慶應義塾大学は受験科目に小論文のあるところが多く、早稲田大学も国語が難解です。国語の対策をしないと、手が届きません。

**一方、GMARCH（学習院、明治、青山学院、立教、中央、法政）はマークシート形式も多いですし、合格最低点が高い学科も多く、ミスを重ねると失敗します。**

このような特徴をとらえて授業が進められるほうが、当然ながら合格に近くなるわけです。

## 上位クラスも下位クラスも先生の質は同じ

クラスは、多くの場合は入塾時のテストによって振り分けられます。ここで上位クラス

の認定をもらったのだけれど、

「うちの子は基礎がいまひとつだから、基礎をやるクラスに下げた」

「思いのほか上のクラスになってしまい、ついて行けるか心配だと本人が言うので下のクラスに下げた」

というのは、受験学年についてはダメです。

そのクラスで余裕で上位にいたい、と思うかもしれませんが、そんなことをしていては、ハッキリ言って失敗します。

やさしい問題を10問中8問解けても、その学校が出題する問題が解けなければ当然ながら受かりません。

認定が出たらその認定のクラスに行くべきで、**できるだけ第一志望に近いクラスを選ぶのが鉄則です。**

そもそも、第一志望自体を低くするのも間違いで、受験勉強を始めた時点では結構難しいかな、と思うくらいのところを第一志望にする。

行きたいクラスに行けなかったら、場合によっては何回もクラス分けテストを受けてでもそのクラスに入るのです。

よく、**「上位クラスと下位クラス、先生の質が違うんじゃないか」**と言われますが、河合塾の場合は、各講師が3～4年、さまざまなクラスを担当し、適性と合格実績等を分析し、最適なクラスに配属されます。

下のクラスには下のクラスを教えるプロフェッショナルが待ち構えています。

上のクラスにも、もちろんふさわしい講師がいます。90分授業の間じゅう、アクセルの踏み方もブレーキの使い方もそれぞれ巧みです。

大手塾の場合は先生の質についてはあまり心配しなくていい。

ですから、とにかく、第一志望のクラスでちょっと背伸びしながらがんばること。

塾の使い方の大事なコツです。

| 復習ポイント | 何度でもクラス分けテストを受けて、第一志望のクラスへ |
|---|---|

## 塾の選び方❷　華やかな勧誘情報だけでなく、学校別の現役合格率などデータが重要

塾は、春休みや夏休みの前に入塾説明会を開催します。このときは、1人でも多く入塾してほしいから、調子のいいことを言うのです。塾の欠点については、まず触れません。ホームページを見ると、これもまた調子のいいことを言っている。

では、何を基準にして塾を選べばいいか。早稲田大学に行きたいなら

「お宅の校舎で、現役で早稲田大学に何人入っているか」

という聞き方で聞いてみてください。あるいは、

「早稲田大学の政治経済学部に現役で何人入っているか」

こういう質問に答えられる塾は、データ管理もしっかりしています。

塾の合格実績は、浪人生も入っていますが、**現役生の保護者の方や子どもたちが知りたいのは、現役合格率でしょう？**　それなら、現役でどれぐらい志望校に入っているか、把

握したほうがいい。

また、男子校、女子校に通っているお子さんなら、クラスに異性がいることに慣れていないでしょう。特に男子は女子がいることで気が散ってしょうがない、ということもあります。非受験学年なら、異性が多い授業はやめておいたほうがいいかもしれません。

入塾説明会も、複数の塾に行ってみると、それぞれの違いがよくわかります。

子どもたちは、できれば体験授業を受けるといい。**「この曜日のこの先生の授業を受けよう」**と思うのならその先生の授業を受けてみる。塾は、先生との相性が大事なのです。

「なんかこの先生の授業はわかりにくい」と思ったら、その授業を受けても実りがないかもしれない。面白い、聴ける、と思う授業を取るようにしましょう。

そして、保護者の方も子どもも、聞きたいことはすべて聞いてください。美辞麗句に惑わされず、納得いくまで質問してください。あとから後悔しないために。

**復習ポイント**

**複数の入塾説明会、体験授業も受けるといい**

## 塾の選び方❸　テキストは塾の生命線！
## きちんと製本されたテキストは講師の熱意

塾の質を見るときに、重要なのがテキストです。

各教科には、名物講師のような人がいますし、独特の言い回しで生徒に対峙《たいじ》するわけですが、もとになるテキストは、たとえば河合塾の場合、どの講師の授業でも同じです。

テキストは塾の生命線です。

そう思っているから、ものすごく人と時間を投入して作成します。

**河合塾の場合は、テキストごとに相応の数の講師を全国から集めて、会議を重ね、どんな内容にするか討議します。**

作成担当講師はそれぞれ意見を言い、その意見をどうにかまとめて作り上げるテキストは、誇れるものです。

本部もそのような形で作るテキストは、姿も美しく仕上げる。

ミスプリントのない状態で刷り上げ、ホチキス留めなどの安上がりなものでなく、製本してある。

中身を見て、「なかなかいい内容だ」とわかる保護者の方もいらっしゃるでしょうが、内容はわからなくても、そうした講師の熱意が漂ってくると感じていただければうれしい限りです。

テキストの姿自体を美しく感じていただけるかもしれません。

逆に、ホチキス留めもしていないような、パンフレットみたいなテキストや、なんとなく時間をかけて作っていない雰囲気が漂っているテキストを使っているところはおすすめしません。

**特に、長年同じテキストを使い続けている場合は、要注意です。**入試は毎年変化するのに、テキストが同じでは話になりません。

テキストを常に進化させようと思っている塾こそ、子どもを行かせるべき塾です。

| 復習ポイント | ホチキス留めなど、安易なテキストの塾はすすめない |
|---|---|

## 塾の使い倒し方❶　ちょっと先輩のチューターは受験のコツや悩み相談、励まし役にもなる

大手の塾にはチューターと呼ばれるアシスタントがいます。河合塾の場合は、現役高校生のクラスには現役大学生のチューターがいますが、彼らは事務的な伝達をしたり、答案返却などの補助業務、並びに生徒の相談相手などさまざまな業務を担います。

私が答案を返すと生徒が緊張するから、兄貴とかお姉さんに返してもらったほうがいい。**年齢が近いので、生徒たちも、気後れしないで答案用紙を受け取り、気軽に彼らに相談もしてくる。**大いに助かっています。

なにしろ自分たちが志望している大学に入った先輩ですから、勉強の仕方、受験のコツ、大学の雰囲気などなど、リアルに情報をもらえるところも、生徒にとってはありがたい存在です。チューターも、自分たちも同じように塾でがんばって合格したので、これから受験する生徒たちに親身になってくれます。

大手塾には、山ほどアルバイトの大学生がいて、チューター以外にも志望校に合格して通っている大学生もいるので、教室に連れてきて、「今の時期、受験についてどんなことを考えていたか、生徒の前で話してくれ」と頼むこともあります。

いろいろ話してくれるのですが、みんなの前で少し気取っていることもあり、「そんなカッコいいこと言ってるけど、おまえ、この時期つらくて泣いてたよな」などとバラして、あえて教室で笑いを取ることもあります。そこで、生徒たちも緊張をほぐしてくれる。

**受験の仕方やメンタルの整え方などについては、私の授業なんかより、チューターの体験談のほうが、はるかに効果があるかもしれません（笑）。**

チューターを活用すれば、受験の仕方などを聞くだけでなく、節目節目で励ましてもらってモチベーションを上げることもできます。

これが、大手塾のメリットでもあります。

| 復習ポイント | チューターの体験談は、受験生のモチベーションを上げる |
| --- | --- |

## 塾の使い倒し方❷　事務局は帰宅の見守り、塾内恋愛の引き離しなどいろいろ頼める

大手塾の場合、入り口を入ると事務の人たちがいるのが普通です。塾にまつわるさまざまな事務処理をしています。入塾の案内から、各種パンフレットのストック、入試情報の案内、授業の種類や季節講習の情報などなど。どんなことでも、気軽に聞いていていただいてかまいません。

こうした情報については、大手塾ならホームページでもわかりやすく案内しています。中でも、**受験生にとってとても助かるのは、過去問集（通称赤本）が大学ごとにずらりとそろっていること。**第一志望校等の過去問集は、買って手元に置いて何度も解けばいいと思いますが、2000円前後もする本を、滑り止め校分も購入するのは大変です。そこで、塾内の本棚から借りる生徒が多いです。

その他、受験に関する本、一部参考書なども並んでいる場合があるので、何かと便利だ

と、生徒たちは話しています。

保護者のみなさんは、入塾説明会と面談のときぐらいしか足を運ばないと思いますが、電話などでもさまざまな相談ができます。たとえば、

「塾の帰りが遅くて心配、ちゃんと帰っているでしょうか」

と連絡をもらうこともあります。原則、その日の最終の授業が終わったら即座に帰るように促すところがほとんどでしょうが、中には先生に質問をしたい子もいて、遅くなるケースもあります。そんなときは生徒に声をかけたり、自宅との連絡を取ったりすることもあります。また、こんなケースもあります。

**「うちの子が、塾のクラスの子と恋愛をしているようです。引き離してください」**

これも、やりますよ。特に浪人生などではしっかりと引き離します。

受験にスムーズに生徒が臨めるように、あの手この手でフォローするのが大手塾。お金を払っているのですから、その強みと目に見えないサービスを大いに活用してください。

**復習ポイント**

**授業だけでない、塾のサービスを大いに利用しよう**

## 塾の使い倒し方❸　面談はいつでもOK
## 進路、志望校、気になることは何でも聞く

大手塾では、保護者会や面談も行っています。

夏の講習前や春の講習前など、節目の時期に、受験の情報や塾での勉強の仕方、受験期の過ごし方などを伝え、合格に近づけるよう話をするのが普通です。この保護者会には、**保護者だけでなく、生徒本人が参加することも可能です。**一緒に聞いて、情報共有するケースも最近は増えています。

また、河合塾の場合、年に最低2回、担当チューターとの三者面談があります。夏前あたりには、学習状況の報告や現状の課題や対策、夏休みの学習計画などを話し合うことが多いでしょう。

秋深くなると、受験学年の場合は受験の現実的な決定をすることが多くなります。

第一志望の確認や滑り止め校の決定も含めた受験大学の決定、受験スケジュールの確認

や、直前までの学習計画とともに、本人を励ましたり、保護者の疑問や不安を解決したり、という目的もあります。

ただ、**面談は、このときだけでなくてはダメ、というわけではありません。**本人のモチベーションが下がっている、受験校を急遽変更したい、家庭の状況が変わって金銭的なことが心配……、などなど、タイムリーに相談なさりたいこともあると思います。そんなときはいつでも面談を申し込んでいただければよいと思います。

これは、どこの塾でも同じです。塾に払う料金には、こうした相談も含まれているのですから、躊躇《ちゅうちょ》する必要はありません。塾側も、家庭や生徒の細かな情報をとらえていたほうが指導しやすいという利点もあります。

ただ、面談のときには、思いの丈をぶちまけるような形ではなく、要点をまとめて臨まれるほうがよいです。時間的にも20分程度なので、聞きたいことを箇条書きにして、ノートなどに書いて持って行き、話した内容をメモしておくと効率的です。

**復習ポイント**　**面談では質問内容をメモして、疑問や不安を解消する**

休憩タイム ─ 3

# 自習室がきれいなのはあたりまえ！トイレの掃除は行き届いているか

毎週毎週、定期的に通う場ですから、ハードウエアとしての塾、つまり建物や設備の良し悪しというのも大事になってきます。

では、どこを見たらよいのかとよく聞かれますが、私は

「トイレの掃除が行き届いているか」

に注目するとよいと思っています。

塾の本分は勉強なので、広い教室とか、音響とか、自習室のよさなどにはお金やサービスを注ぎます。

そこをアピールポイントにします。

特に、自習室は生徒が合格に近づくために長く過ごす場なので、予算をつぎ込んでできるだけ居心地よく作ります。

実際、生徒も

「うちの塾の自習室は居心地がいい」

「机が〇〇塾より少し狭い」

「朝〇時までに行かないといつもの席が埋まってしまう」

など、細かい部分まで感じ取って、使い勝手の感想をもらしますから、

塾側もますます自習室の整備にこだわるようになります。

また、教室の椅子や机なども、学習がすすみやすいように考えます。

そんな中、掃除や整頓などの環境整備にお金が回らず、教室の机がごちゃごちゃに並んでいたり、掃除に手が回っていない場合がある。

そのわかりやすい象徴がトイレだと思うんです。

化粧室に足を踏み入れたときの雰囲気はよいか。

衛生状態は保たれているか。

掃除はきちんとできているか。

実際にトイレをお使いいただいて、あまりよい印象がなかったら、この塾は目立つところにしかお金をかけていないんだなと、そう評価していいでしょう。

塾の説明会などに出向いた際には、ぜひトイレに入ってチェックしてみてください。

第4限目

# 受験を阻むもの！部活、恋愛、スマホ、ゲームとの付き合い方

## ゲームは受験の邪魔なのか？
## 究極の息抜き、気分転換の大切なツール

大人にとって、ゲームは子どもの受験を邪魔する「悪」なのでしょう。

けれど、ゲーム好きの子どもたちにとって、ゲームは生活の一部であり、究極の息抜きなのです。気分転換の大切なツールであると自覚し、うまくゲームと関わりながら、勉強に集中する時間を作っている子も相当いるのです。

子どもたちのゲームの使い方は、我々の想像をはるかに超えて進化しています。

「ここまで宿題をやったらゲームをやる」

「ゲームをやったからこれから勉強する」

というふうに、自己管理のツールとして使っている子は想像以上に多いのです。俗に言う〝優秀〟といわれる子ほどその傾向は強い、と言えます。

**「悪だとか言う前に、どう使うかということが学力や成績の伸びに関わってくる。良くも**

**悪くも必需品である」**

というのが、私の持論です。勉強とゲームの折り合いをつけられ、自分でゲームの時間をセーブできるような子の場合は、親子でルールを確認して、子どもを見守っていればいいでしょう。逸脱したときだけ口を出せばいい。

## 自己管理ができない子には、制限をかけるしかない

ただ、「3時間ぶっ続け」とか「受験のストレスから逃げている」など、観察すればするほど「この子には自己管理は無理」と判断するなら、やっぱり禁止したほうがいい。

しかし、今の子どもがハマるゲームは、SNSのオンラインで、グループでやるタイプが多いのですが、これがなかなか抜けにくい。仲間と対戦形式でやるので、ついつい仲間との関係で深みにハマって行きがちです。

「負けているからもう1回やって、勝ってからやめたい」とか、大人もそういうところがありますが、それでずるずる勝つまでやり続けることが多いのです。

ひとりで孤独にやっているゲームならやめさせられる術はいくつもあるのですが、「対戦」を楽しむSNSのゲームは抜けたいけれど抜けられないという、これはゲームという

よりも、SNSを通じた友達との付き合いと直結してくる部分があります。

ゲーム依存症というわけではないのでしょう。周りとの関係を思うと抜けにくいと感じて、いつの間にか自分でもわからないうちに1日の多くの時間をゲームに費やすようになっていく。

## 子どももこのままではダメだと感じ、減らしたいと思っている

しかし、「このままやっていたら勉強どうなるの！」などと頭ごなしに言うのは避けたいものです。それは、本人自身がわかっていることだからです。

もう少し具体的に、データを持って話さないと、「うるせぇ」と反抗して、なんの変化もない、ということになります。

本人にとって、落としどころがある言い方をしないといけない。それには、月並みではあっても、

・**学校の成績が落ちているかどうか**
・**実際どれくらいの時間やっていて、学習や生活に影響が出ているか**

の2点で決めるべきではないでしょうか。数字で見て判断するということです。

この数字ですが、1つ目は学校でもらう成績順位表などで判断する。2つ目は、本人の自己申告をきっかけに話すしかないでしょう。

自己申告は、たいてい少なめに見積もっているはずです。話している表情などから、それが真実に近いかどうか、トータルに判断していくしかありません。

お互いに、言い方ひとつでカチンときて、言い合いになって終わる、ということは避けたい。きっと、本人もこのままではダメだと感じ、減らしたいと思っているはずです。保護者がどう協力できるのか、冷静に話し合えると一番よいですね。

それにしても、いきなり「全面的になし」というのは難しい。徐々に離れていくということだと思います。

**22時以降やらない**

**やらない日を1日だけ作る**

**夕食前にやる**

**夕食後はどうせ勉強はそれほどできないから、息抜きに30分やる**

そういう条件付けをしながら、少しずつゲームの時間を少なくすればいいと。どうやってやめようかとひそかに思っている子は、少なからず乗ってくると思います。
さりげなくアクションを促してくれる保護者に対しては、子どもも柔軟に接してくるはずです。

## 部活の先輩など、子どもが信頼している近くの第三者に注意してもらう

今どきのオンラインゲームは、不特定多数と争うものもあるので、世界中の人と対戦できます。もちろん、身近な4、5人でやるものもあるし、とにかくさまざまなやり方がある。課金するタイプのものもあり、そうなると金銭的なトラブルも生じます。

**大人には想像もできないような、ゲームによるコミュニケーションが広がっています。**

ゲーム機などを使ったオフラインのひとりでやるゲームのほうが、被害が少ないです。オフラインなら、最近は、親側が一定の制限をかけられるゲームもありますし、親が使っている時間を監視できるシステムもある。が、それでは面白くないんだと思います。そして、エスカレートしていき、本人も後悔する。でも、親とは冷静に向き合えない。

ならば、第三者に注意してもらえばいい。学校や塾の先生に、保護者がわざわざ電話してお願いするなんて、やりすぎと思うかもしれませんが、親が言ってダメなら親以外の人

に言ってもらうしかない。そこは腹をくくりましょう。

**部活の先輩とかOBとか、近所の方など、子どもが信頼している近くの第三者にさらっと注意してもらえるならば、親が言うよりは効果があると思います。**

親は、「いつもゲームなんかやってるからよ！」と怒鳴り、そこを切り口に、ガミガミと過去のことも含めて叱ってしまう。ヒートアップして、「だいたい私がどれだけパートでがんばってると思ってるのよ」と言い出すかもしれない。でも時には、それも大事だと思います。いつもきれいごとばかりいっていては、だんだん親子の間に溝ができてしまいます。

たまには、やりあったほうがいい。短期的には「うるせぇんだよ！」と言われて絶望するかもしれませんが、絶対そのほうがよいのです。

2回ぐらいはがまんしましょう。3回目にはもうポイントカード満タンだからぎゃー！と真剣に怒っていい。そのほうがかえって長期的には信頼感に結びつきます。

| 復習ポイント | ゲームは「悪」ではない、自己管理できるかが問題 |
|---|---|

# 受験に勝つ者は、スマホも制す！
# SNSの弊害の反面、勉強ツールとして活用

子どものスクリーンタイム、つまりスマホを見て活用している時間はいったいどれくらいでしょうか？

ほとんど起きている時間に等しいくらいに見ている子どもも多いです。

## 「受験に勝つ者は、スマホも制す」

これが正論です。ゲームもほとんどの子はスマホのオンラインゲームありきですから、スマホとどう付き合うかが、受験の鍵です。

ゲーム以外で、主に子どもたちが使うのは、動画とSNSです。それらをどう自己管理するか。精神論で制限できるという段階ではないのです。ゲーム以上に「身体」になってしまっているので、受験にどう影響するか、無尽蔵に使うとどんなふうになるか、危機感を持たせないといけない。かといって完全に封印することはできません。

## チャットは友達同士でペースダウンするのが理想

まず、一番の問題はチャット（主にＬＩＮＥ）です。動画もインスタグラムもありますが、これらは自分が「見る」ことをやめさえすればいい。なかなかやめられないとしても、自分の意思でコントロールできる。

しかし、チャットはそうはいきません。

**チャットは双方向コミュニケーションだから厄介なのです。**

向こうからどんどんメッセージが来てしまうし、早く応えないといけない。学校に行っていようが、塾にいようが、家で勉強していようが、応えないといけないのです。

ＳＮＳの中で受験の一番の悪者を挙げるとすれば、やはりチャットでしょう。男子にとっても同様です。今、チャットに関しては、性別は関係ありません。

ただ、多少の違いはあります。男子はチャットの文字数が少ない。その分、関わっている時間は短いかもしれません。しかし、男子はゲーム対戦がチャットがわりの部分がありま す。対戦することで、コミュニケーション手段になっています。こちらははてしなく長い時間を費やします。

女子のほうがチャットそのものに接している時間が長いです。文章が長いし、回数も多く、細かい情報交換が多いので、時間がかかる。

チャットやゲームでのコミュニケーションを少なくするなりやめるなりしないと、勉強する時間が取れません。しかし、

「チャットをやめることは、その子との付き合いをやめること」

のような、究極の決断になってしまうのが、小中高生全員の悩みでしょう。

**集団の全員が、「受験だから回数を少なくしよう」というように、一斉にペースダウンするのが理想です。**

「一斉に」というのが大事で、ひとりで言い出すとその子がやり玉に挙げられて切り出しにくくなります。子どもといえども、こうした付き合いには気遣いが必要なのです。

## 学力が高い子ほど、便利な勉強用アプリを活用している

ところが、スマホは「勉強の邪魔」ばかりしているわけではありません。勉強のツールにもなっています。

世の中にはいろいろなアプリがあって、暗記をサポートするアプリもあれば、勉強する

時間を記録しておくと、どの教科の勉強がどれだけ足りないかがわかるアプリもあります。

**学力が高い子ほど、そういう便利な勉強用アプリを大活用しています。**

トータルの勉強時間のスケジュール管理、暗記のサポート、ある英単語を入れるとその英単語を使ったドリルをアプリが勝手に作ってくれる、というものも。

選択とか穴埋めの問題を目視で解いていくアプリもありますし、とにかくさまざまな学習サポートがあります。ＳＮＳで５人くらいのグループを作って、

「今週はここまでやる」

「１００ページ読む」

などと宣言してやると、残りの４人がほめたたえてくれるというものも。こういうアプリなら、私自身も入ってほめてやりたいくらいです。

ただ、女子は「こうほめないと角が立つ」とか、「残りの３人もフォローしないと」とか、気を遣って面倒くさいことになるから要注意です。

また、ある一定時間スマホを使えないようにするアプリがあります。それをインストールして、その時間にスマホを見るとシャットダウンされるという機能があるようです。まあ、使わなければ意味がありませんが。

## 動画の授業もいいが、対面授業に勝るものはない

前に申し上げたように、「授業」自体も、スマホで受講できるのです。予備校の若手の先生が立ち上げ、無料で聴ける。15分程度ですが、腕のいい先生たちなので、とてもわかりやすくて注目を集めています。

河合塾でも、いくつもそうした授業は流しています。試しに、「英語の自動詞、他動詞」と検索しても、いくつもの授業があります。自動詞や他動詞については、我々講師にとっては教えやすい項目で、言ってみれば予備校の講師の数だけわかりやすい授業がある、というほどです。

ただ、どんなにすばらしい先生の授業でも、動画ではわかりにくい部分があり、一方通行の授業は伝わらない。だからだんだん離れていきます。長続きはしない。

**やはり、対面授業に勝るものはないと、私は思っています。**

さらには、勉強の悩みに答えるような動画もあるのです。授業を一切やらずに、「どんな勉強をどれぐらい、いつ頃やればいいか」というプランニングと、モチベーションを高めるだけの授業です。または、

「勉強と恋愛をどう両立させたらいいか」

というようなお悩み相談の動画もあります。

授業は、現役の講師の真面目な内容のものが多いですが、「悩み事に答えます」的なのは、少し軽いタイプの人がやっている。だから親近感がある、興味が湧くということもあるのでしょう。言葉遣いも我々が使わないような、親しみやすさで、すっと言葉が入ってくるのかもしれません。

しかし、やはり、自分に時間制限をかけないと、いつまでも勉強に入れません。その自己管理ができるよう、親が見守ってください。

そして、最後に、ひとつ言わせてください。

**保護者の方も、しょっちゅうSNSやゲームをしていませんか？** それでいて子どもに注意しても聞きません。子どもががんばっているときは「私も控えるね！」と言ってあげるのが、受験に向かう子どもの応援になるのではないでしょうか。

| 復習ポイント | 子どもががんばっているときは、保護者もスマホ時間を控える |
|---|---|

# 部活は最後まで思う存分やらせる成績が下がっても挽回できる！

部活をやっている子は、受験があっても、最後の試合やコンクールまでできるだけやらせてあげましょう。

なぜなら、途中で部活をやめても、その分勉強するわけではないからです。

部活をやめた途端喪失感があり、勉強が手につかないことも十分にあり得ます。最後の試合、コンクールに出られないことが、大人になっても禍根になることもあるので、保護者は理解してあげたいものです。

ただ、部活に力を入れたら成績が下がるのはあたりまえです。

**「部活も勉強も上手に両立」なんていうお子さんは、ほんの一握りです。** 1回ガクッと下がるのも、目を覆わんくらいに下がり続けるのも、しょうがない。そこから次に向かってどう立て直すか、保護者が一緒に考えてあげてください。

これから部活に入ろうとする子どもがいるなら、入部の際に、「成績が下がったらやめる」という約束を一応取り交わしたほうがいいと思います。

「どっちが学生の本分なのか。勉強しに行ってるんだから、この程度落ちたらやめなさい」と話し合い、納得させたほうがいい。

ある意味それぐらいの覚悟で部活を真剣にやってほしいし、部活をやれば必然的に勉強する時間が減るのだから、成績が下がったらどうするのかを、ケースバイケースで考えていくしかないでしょう。

## 勉強は二の次になりがち、監督に相談して勉強時間を確保

ともあれ、活発な部活に入部している場合は、勉強との両立は難しいです。

なんとか勉強に向かっていけるかどうかは、顧問の先生より、監督によります。

監督は、実際に教科を持っている教師の場合もありますが、強豪校だと監督が事務の先生という場合もあります。

顧問より、実際に力を持つのは監督。特に、団体競技なら監督の影響が大きく、勉強より部活の実績を優先する人が多くいます。

「なんとしても入賞以上を目指す」という場合、勉強は二の次になりがちです。**どうしても部活をやめないといけない、という判断は、家で一切勉強しなくなるときでしょう。**

練習が激しすぎて、30分たりとも勉強できない、疲れて寝てしまう、というケース。これは運動系だけでなく、ブラスバンドなども同様です。ブラスバンドは、下手な運動系よりも厳しいです。自己練習も必要で、昼休みも練習していることがあります。

ただ、「やめなさい」と言っても、自分からはやめられません。特に、ブラスバンドやチームスポーツ、ダンスの群舞などは、自分が抜けたら目指していた優勝はない、やめるということを自分の中で封印しているのです。

もし、監督に聞く耳を持ってもらえるのなら、週6日練習があるのだけれど、「どうしてもこの日は塾に行きたい」と、保護者と一緒に相談する。届け出が必要な部活もあるので、そこはしっかりと確認しましょう。**保護者が関わっていかないと、子どもは絶対部活に埋没します。部活は、ゲーム以上に抜けづらい。**

必ずしも毎日でなくていいのですが、高校生は週単位で1日平均1時間か2時間の家庭学習、中学生なら1時間の家庭学習を取れるかが、受験で成功するか失敗するかの分かれ目だと前に申し上げました。

それが無理だとしても、まずは学校の勉強だけでいいので、得意な科目なら予習だけして授業に集中、不得意科目なら復習中心に成績をキープ。今以上に成績が下がらないようにできれば、部活はとりあえず続けさせていいと思います。

## 8月上旬までには引退し、9月からは本格的な受験生に

親と子どもの間で、きちんと取り決めをしましょう。学年の切れ目や学期の切れ目でもいいので、週単位で考えて、1日1時間か2時間の学習をする。本人もやらないとダメだとわかっているはずです。本人に受験に向かう蜘蛛の糸を垂らしてやるという意味合いで、「成績が下がったら、残念だけれど部活はやめよう」と決めます。ちゃんと将来を考えられる子であれば、1日15分でも20分でも勉強をやり始めると思います。

**部活を引退して、勉強にしっかりと取り組む時期は、遅くても高3の夏、できればお盆前の8月上旬までに始めてほしい。**それまでほぼ受験勉強がゼロだった子は正直きつい。最低限の学習習慣は定着させたいところです。

塾側としては、8月の終わりから本格的に体制を整えます。

遅いけれど9月から受験生として本気でスタートするというのであれば、それまで学習習慣が身についた上で真面目に部活をやっていた子なら、なんとかしてあげられます。必ず第一志望というわけにはいかないけれど、ギリギリなんとかできます。

**本来、受験勉強スタートの理想は高2の3学期です。**

しかし、部活をそこでやめるのは、ほとんどの子は無理でしょう。部活のすべてを全うするのは、高3の夏の前半だと思うので、そこまでに最低限の勉強はやっておいてほしいですね。

## 部活の実績で推薦入学を期待しない

部活をがんばっている子は、「勉強でなく、部活の実績を使って、推薦で大学に行きたい」と思うかもしれません。

推薦を考えるのは、今の高校生にしてみればあたりまえですが、それが逃げになるのはよくありません。

「推薦の準備に時間がかかるから、一般選抜で受けるのをやめよう」

などと思うのは、言語道断です。「どっちにするか」ではなく、とにかく3年生の終わりまで受験勉強をするということです。そして、**あくまでも一般選抜の勉強に照準を合わせ、最後までがんばる。**

部活を引退してすぐ9月から11月の間に推薦の準備をして、推薦にスイッと受かる子なんて、そうそういません。

また、部活をがんばったからと、突貫工事で推薦の準備を短時間で完成させようなどと考えない。部活をすでに引退している子は、もっときちんと準備しているのです。推薦だって、受験勉強をしないととても受からないものもあります。

推薦の1か月前は、推薦の勉強を。それが終わったらすぐに一般選抜の勉強にシフトチェンジして続ける。スタートが遅い分、勉強に集中し、追いついていくべきです。

**部活をがんばれたのだから、勉強にもがんばれる。**そう子どもが自分を信じられるよう、保護者は見守ってください。

| 復習ポイント | 高3夏の引退までに、最低限の受験勉強をしておく |
|---|---|

## 受験生になってからの恋愛の9割は失敗を招く！　両立は難しい

受験期における恋愛は、頭の痛い問題です。小学生も今どきは恋愛しますから、受験学年の小学校6年生、中学3年生、高校3年生の恋愛は大問題です。

細かいことを言うと、受験生になる前から続いている恋愛なのか、受験から逃れたくて「あの子がいい」となっているのか。

私が長年見てきての個人的な見解では、大学受験に絞ると、

**「受験生になってからの恋愛の9割は失敗。受験も恋愛も沈没」**

です。私の知る限り、浪人でも現役でも、「男女両方が第一志望に受かった」というケースは、数えるほどしかいません。

多くの場合、女の子のほうが良くも悪くも先に見切りをつけ、男は取り残される。だいたい男のほうが恋愛の後遺症もボロボロだけど、受験結果もボロボロです。

かといって、女の子もうまくいくとは限らない。これが〝受験が始まってからの恋愛〟の大方の結果です。

中学生は中2の春休み、高校生は高2の夏以降、「よけいなこと」はしないほうがいい。新しく恋愛する必要はない。また、それまで付き合っている子がいるのなら、わざわざ別れる必要もない。

原則的には、現状キープが無難だと思います。

ただ、ケースバイケースで、すぐにＬＩＮＥを返さないとぶち切れる彼氏だったら、負担になるだけかもしれません。

受験期は、「相手のために何かしなければ」と思っても、時間がなくなってくるわけだから、「もっと頻繁に連絡がほしい」と言われても無理です。そういう人は、不安で相手に頼りたくなる、その思いをどんなときもぶつけてきます。

**会いたい気持ちを、お互いにコントロールできないような相手はダメ、下手をしたら泥沼化します。**

ＹｏｕＴｕｂｅの受験恋愛相談などでは、「受験と恋愛をうまく両立させて」という助言もありますが、無責任きわまりない。結果論として別れなかった、という例はありますが、両立なんてなかなかできるものではありません。

だいたい、大事な受験と両立できるのは、恋愛と呼ばないでしょう。中高生の恋愛は、すべてなげうって好きになりたいと思うものです。

保護者としても、心配でたまらないでしょう。ずっと付き合い続けているのも心配ですが、秋深くなって別れて大きなダメージを受けるのも、受験の失敗につながるのが目に見えていて、つらい。

しかし、好きになる気持ちは、止められるものではありません。

保護者にはどうすることもできない。もどかしいですが、なんとか耐えていただきたい。間違っても動転して、

**「早く別れちゃいなさい！　意味ないわよ、そんな恋愛なんか」**

などと暴言を吐くのだけはやめてください。

その言葉にショックを受けて落ち込むか、かえって火がついてやめるどころか燃え上がることも。リスクはますます大きくなります。こと恋愛に関しては、親がヒートしないことが重要です。

## 「勉強しなければいけない、でも別れられない」

では、保護者はどうすればいいでしょうか。

恋愛中の若いふたりは、保護者が介入しようと思えば思うほど、余計にふたりの世界に入ってしまうこともあります。そうであれば、距離を置くふりをしながら、せいぜい話を聞いてあげることぐらいしかできません。

子育て本などにはよく、

「付き合ったら、相手の子を家に呼んでお互いに顔見知りになる」

などと書いてありますが、そんなに受験生はオープンに恋愛しているでしょうか。

**「勉強しなければいけない、でも別れられない」と、罪の意識を感じながら恋愛している子が多いというのが、私の印象です。**

ですから、親にはバレバレであっても、基本的には「恋愛してない」というスタンスを取り続ける子が多く、家に呼ぶことなど考えていないと思います。

ただ、妊娠だけは、十分に気をつけてほしい。受験どころではない話になります。男子のお母さんの中には、深いお付き合いをしているとわかった時点で、息子にコンドームを持たせる方もいるようです。

また、恋愛している子もしていない子も、特に男子は生物学的に、中高生の場合は、性的処理は必要です。それを封じ込めるのはやめていただきたい。はけ口をほかに求められても困ります。

## 受験がボロボロになる前に、塾に相談してみても

場合にもよりますが、第三者、近くの他人に援助要請することを考えてみてはどうでしょう。大学生になった先輩や、部活の顧問など。**塾でも、保護者の要請を受けてふたりを離れ離れにすることがあります。**特に、浪人生の場合が多いですが。

| 復習ポイント | 「受験生なんだから、早く別れちゃいなさい」は禁句 |
|---|---|

## 「寄り道」は塾通いの宿命！短時間のコンビニなら目をつぶる

塾に通い始めると、どうしても帰宅が遅くなります。

塾から自宅への帰り道は、学校からの帰り道と違って、都市部のにぎやかな場所を通る場合も多く、特に女子の保護者はご心配でしょう。

河合塾の場合は、たとえ授業後に講師への質問があっても、22時以降は原則受けつけず、生徒を帰すという取り決めになっています。ただ、まっすぐ帰らずにコンビニに寄る子も多い。コンビニは、仕事帰りに新橋でちょっと飲んで、仕事の憂さ晴らしをするサラリーマンと同じ効果があると、私は見ています。

**次の勉強、家に帰るまでのリセットに使うのなら、短時間の寄り道は、かえって活性剤になるのですから、少しは目をつぶりましょう。**

しかし、彼らはコンビニに90分いても平気な人種です。新橋のサラリーマンのように、コンビニのはしごをする子もいるのですが、帰り道はそんなことをやめるよう、よく話すべきです。帰りが遅いと感じたら、塾に電話をして、終わりの時間を確かめ、どれくらいコンビニにいたかを計算して子どもと確認した上で、ルールを決めるべきです。

## 塾帰りが遅くて心配なら、塾に相談して観察してもらう

帰宅の遅い子に関しては、時間の問題だけを取り上げず、なぜ寄り道するのか、そこを考えたほうがいい。

その原因が、重要なのではないかと考えています。

**数分の軽い息抜きではなく、長時間が恒常化するのであれば、そのこと自体にシグナルがあります。**

非受験学年で塾に通い始めた頃は、いつもより遅くなること自体がうれしくて、ついコンビニや街角で長時間友達としゃべってしまうことがあります。こういうのは恒常化する前に、ガツンと怒ればシュンとします。

最初が肝心、ここは親の権限でしっかりと伝えましょう。

受験学年の場合は、もう少しきめ細かく考えたほうがいい。家に帰ると、ガミガミと叱

られるから帰りたくないのか。だれかと付き合っているのか。あるいは何かもっと深い悩みがあるのか。門限に間に合っているとしても、問題になり得ます。

また、今どきはＳＮＳなどを伝達媒体にして、知らない人とやりとりしているケースもあります。かなり年上の男性とやりとりしている女子など、とても気になりますね。

あるいは、「女友達」だと思って、洗いざらいいろんな話をチャットでしていたけれど、実は中年男性だった、ということもあります。ＳＮＳ上で「女性」と名乗っているうちの相当数は男性なのだそうです。


**塾帰りがあまりにも遅い、心配だというのなら、これも塾に相談して少し観察してもらうこともできるでしょう。**


高いお金を払っているのですから、それぐらい要求したってまったくかまいません。

とにかく、軽い気持ちでやっていて、親から言われたらすぐにやめられることなのか、深みにハマってしまっているのか、そこはよく子どもを見て判断し、話し合ってください。

| 復習ポイント | 塾帰りにあやしげな人間と接触していないかの確認も大切 |
| --- | --- |

## 遊ぶお金のためのアルバイトは厳禁受験の妨げになるだけ！

世の中のアンケートを見ていると、だいたい中1で1000円くらいの小遣いから始まり、学年が上がるごとに1000円ずつ増えるのが平均的なようです。

これに、家庭ごとにプラスαがあるでしょう。部活であちこち遠征に行く子なら、交通費は必要。そのまま何も食べずに帰れというのも酷で、コンビニに寄るお金くらいあげてもよいでしょう。

ただし、自由に使うお金がほしいためにアルバイトをしてお金を稼ぐとなると、話は別です。**アルバイトについては、基本は禁止になっている高校が大部分です。**

アメリカの子どもたちは家事を手伝って少しずつお小遣いをもらうようですが、日本の習慣の中では、それはあまりなじまないかもしれません。

せいぜい、ご家庭の裁量で夏休みや冬休みに、知り合いのところでお手伝いをするくらいにとどめておいたほうがいい、というのが私の考えです。

「就労体験」といえば聞こえはいいですが、週に1回か2回のバイトで、働くことの苦労や喜びが理解できるかは疑問です。大人になり、責任を感じながら毎日やってみなければ、本当の意味はわからないはずです。それより、アルバイトをして、月に3万円、4万円と稼ぐことに問題がある。

**高校生の多くは、5000〜6000円程度のお小遣いに、交通費や食事代をもらうだけでなんとかやっているのです。**それより相当多いお金を持つことは危険です。

もちろん、昨今は社会的にも厳しさを増し、保護者の方の足元がぐらつくような就労環境です。家庭の事情で「高校生も少しはお金を稼がないと、家計が成り立たない」ということなら、学校に話してアルバイトをするのもありでしょうし、それを認めている高校がほとんどです。そうでなく、遊ぶお金を得るようなアルバイトは一切やらないほうがいい。

受験の妨げになるだけです。

**復習ポイント**

**必要なお金は、お小遣い＋交通費＋コンビニ代で十分**

休憩タイム

4

# 部活以上に受験の障害になる!?
# 文化祭や体育祭の実行委員、卒業アルバム委員

実は、部活よりも尾を引き、受験に支障があるのが、文化祭実行委員、体育祭実行委員、卒業アルバム委員など、学校行事の委員会の役職系です。

文化祭の実行委員は2年生の冬前までに終わる。それなら受験には支障がないはず、と思うかもしれませんが、問題は、文化祭が終わったあとなのです。

みんなで行事を作り上げたドラマがあるので、思い出の反芻《はんすう》が長く続きます。

とにかく、まるでメイキング画像や動画のように、一緒にやった仲間同士での写真や動画が大量に出回る。

SNSなどでそれを見て、涙を流したり感慨にふけったりする時間が長く、同じ思いに浸る仲間と「もう一回集まろうか」などと盛り上がり、なかなか勉強にシフトできないのです。

部活はスパッとやめられますが、イベント系の委員のほうが後に残るダメージが大きいので、早く「思い出に浸る時間」を摘み取ってあげな

いと、ダラダラと日々が過ぎていき、部活以上に危険だと思っています。

これが体育祭の実行委員だと、もう3年生になっている。体育祭は春の場合が多く、野球やブラスバンドの部活よりも終了が早いとはいえ、思い出に浸り集いを続ければ、もうアウト！　というほど受験が迫ってきてしまうのです。

卒業アルバム委員はさらに、あとあとまで引っ張ります。

とにかくこれらの委員については、行事や作業が終わったら、できるだけ早く受験生になるように促すことです。終了後、思い出に浸る期間は3日までと決め、膨大な写真や動画もスマホ以外の場所にデータ保存して、「いつまでも見ない」ことが重要です。

本人たちも、早く受験態勢にならなければいけないと、よくわかっているのです。

それでもやめられない。

ならば、保護者が声をかけ、受験情報などを伝え、早くイベントの熱を冷ましてやりましょう。

第5限目

# E判定でも落ち込まない！模試対策と受験校の選び方

## マーク模試、記述模試、大学別模試……同じ塾の模試を受けて、伸びをチェック

高1になると、学校でも受ける模擬試験（模試）。非受験学年の高1、高2では、「自分の学力そのもののポジション」を全国レベルでみるとどうか、確かめるために使うものですが、受験学年の高3になると、もっと受験に即した使い方をします。

まず、高3で受ける模試の種類を知っておきましょう。

**河合塾、駿台予備学校、東進ハイスクールの3つの大手塾と進研ゼミ（ベネッセ）が受ける生徒の多い模試です。**

このうち、進研ゼミは在籍する高校で受けることが多いでしょう。その他の模試は、塾生はもちろん、外部から申し込んでも受けられます。

大手塾が実施しているものも、さまざまな種類がありますが、大まかに分けると次のようになります。

**【マーク模試】**

共通テストの範囲で出題される、マークシートを塗りつぶす形式の模擬試験です。共通テストの練習になります。内容は比較的平易ですが、問題数が多く、時間配分が重要になります。そうした感覚を得ておくためにも、受けるべきです。マーク式は一見簡単に見えますが、マークシートの塗りつぶし忘れや、1問ずれて塗りつぶすなどの、ケアレスミスを起こしがちです。模試で慣れておくと、こうしたミスも防ぎやすくなります。

特に、共通テスト本番前の12月に行われるマーク模試は、ぜひ受けておきましょう。

**【記述模試】**

国公立大学が課す「二次試験」に合わせた問題形式の模試です。

和文英訳、数学の途中式、現代文の論述などを自分で書く形式で、一般的にはマーク模試より問題レベルが高めです。

**【大学別模試】**

早稲田大学、慶應義塾大学、東京大学、京都大学など、個性的な問題を出す難関校に特化した模試です。問題形式や問題数、よく出題される分野を模しているので、これらの大学を志望する生徒はぜひ受けておきましょう。難易度が高く、実際の試験よりもやや難しいとも言われます。

また、模試を提供する大手塾によっても特徴があります。生徒たちによく噂されている評価は以下のとおりです。

**河合塾は受験者の母集団が最も多く、年間３００万人が受けます。母集団が大きいということは、全国の同級生の中での学力をはかりやすいということです。**

駿台の模試はレベルが高く、これでよい偏差値が取れれば自信がつきます。東進の模試は河合塾より若干難易度が高いといわれますが、それほど大きくは変わりません。

ベネッセの進研模試は問題が比較的やさしく、偏差値が高めに出るので、これを信じて「イケてる」と思うのは少し危険です。

## 柱となる模試を受け、必要ならば別の塾の模試も受けてみる

大手塾の模試は、それぞれのホームページでスケジュールが開示され、申し込みもできます。どの模試も1回５０００～７０００円程度です。

実施のかなり前に受け付け、そして当日よりだいぶ前に締め切ってしまうことが多く、会場も利便性の高いところは早めに埋まってしまいます。

子どもは勉強が忙しく、気づかないうちに締め切ってしまうことがあるので、保護者の方も一緒にチェックして、早めに申し込むとよいでしょう。

**基本的には、同じ塾の模試を受け続けるべきです。**

前回のマーク模試と、その後勉強を重ねてからのマーク模試とどのような違いがあるか、自分の学習量や理解度をチェックすることができます。

母集団が違うと、レベルなどの点でもばらつきが出るので、全国の受験生の中での自分のポジションも見えにくくなります。ひとつ柱になる模試を受け、必要があれば別の塾の模試も受けてみる、という程度でよいでしょう。

また、模試は受けてから結果が出るまで比較的日数を要するので、その間に必ず解き直しや分析、復習をしておきましょう。

結果が出る頃には、「その問題の解き方はもう熟知している」と思えるくらいになっているのが理想です。

| 復習ポイント | 河合塾は母数が多い、駿台は難易度が高い、進研ゼミは比較的平易 |
| --- | --- |

## 模試の判定はA～Eの5段階！「E判定だからダメ」とあきらめない

模試で子どもたちも保護者も気になるのは、判定です。
希望する大学の名前を入れると多くの模試では、A～Eの判定が出てきます。
河合塾の「全統模試」（マーク式）の場合は、このような目安を表示しています。

**A：この調子で頑張れば合格圏内**
**B：もうひとふんばりで合格圏内**
**C：これから努力次第、弱点を克服しましょう**
**D：まだまだ努力が必要、頑張りましょう**
**E：志望大学へ向けて、まずは基本事項の総復習を行いましょう**

模試によっては合格可能性をパーセンテージで表しているところもあります。つまり、A判定なら80%以上、E判定なら20%以下など。そうなると、E判定の場合、受験してもかなり希望が薄いと思え、絶望的な気持ちになりがちです。

しかし、河合塾のホームページではこのように記載しています。

「合格可能性評価基準一覧は、今年度入試の入試結果追跡データと全統模試受験者の志望動向をもとに設定した来年度入試予想ランクを示しており、本模試の学力評価にあたっても本表のランクを基準としています。ただし、各受験者の今後の学力の変化なども考えた場合、学力評価は、志望大学の合格可能性を示すものではなく、あくまで現時点での学習到達度の一つの〝めやす〟であり今後の学習計画を立てる際の参考としていただくためのものです。…（後略）」

つまり、**この判定は志望大学の合格可能性の目安ではなく、〝現時点での学習到達度の目安であるということです。**

たとえば4月や6月の時点で第一志望に受かる実力がついている生徒はほとんどいません。10か月かけてギリギリ受かるのか、受からないのかの瀬戸際です。現役生は勉強を完成させる時間が足りないので、一日一日、実力を更新しながら当日を迎えるのです。

実際、滑り止め校でないなら、A判定が出ることは、秋でもそうそうありません。むしろ、3年生の初めにA判定が出てしまい、安心してその後勉強せずにいると学力が落ちてきて、行きたい学校にも行けなくなる、という最悪の事態を引き起こします。

Aとかとかいうアルファベットを重視しないでください。

また、**実際に「E判定だった大学に合格」という例はあります。**「E判定だからもう無理」などとあきらめず、コツコツと勉強を続けて、実力を引き上げるよう、保護者のみなさんも子どもを励ましてください。

## 「これなら受かる」「望みなし」などと安易に言わない

模試の結果について、特に、保護者の中でもお父様は勇み足になりがちです。

判定だけを見て、

「おっ!　B判定じゃないか。これなら受かるぞ」

などと根拠のない期待感で発言し、プレッシャーをかけないでいただきたい。あるいは、

「D判定か、これじゃ望みないな」

このような半端なダメ出しは、本人を傷つけるだけです。

「D判定か、これでは受からないかもしれない」と一番心配になっているのは、本人です。模試を受け終わった瞬間に「失敗した……」と思い、自己採点して「全然届いていない」と思い、答案が返ってきて「やっぱり……」。

3回も挫折してから、保護者のコメントを浴びるのです。「望みがない」などと言われると、さらに不安が増大します。

**本人が日常的にどんな勉強をしているのか、どんな苦労をしているのかを、保護者の方はご存じなのでしょうか。**知らずに言うのであれば、本人が気の毒です。親子の気持ちが乖離《かいり》しやすくなります。

模試の結果を受け取った途端、彼らは無言のままものすごい表情で、端から端まで判定内容を見ています。そして、自分の気持ちをうまく整理できないままに保護者に見せるのですから。まずはねぎらってあげましょう。

そして、判定のアルファベットではなく、別のところを見て発言してあげてください。

**復習ポイント**

**判定は、合格可能性ではなく、現時点での学習到達度**

## 「うちの子にそんな偏差値の高い学校は無理？」目標は高く持ったほうが、成績は上がる

少なくとも第一志望の大学だけは、高3の早い時期に決めてください。1学期に決めるとよいと思います。**早めに設定し、その大学に向かって勉強するほうがモチベーションが上がります。**

「うちの子にそんな偏差値の高い学校は無理」などと、最初から言わないでください。あまりにかけ離れていては問題ですが、目標はある程度高く持ったほうが、成績は伸びていきます。プレッシャーをかけずに淡々と、受け止めましょう。

本人が奥ゆかしく、「オレには無理かも」と尻込みするなら、「この大学いいよ、ここを第一志望にしたら？」とすすめて、目標に向かわせます。

第一志望を含め、いくつかの大学はパンフレットを取り寄せた上で、実際に目で見てほしいと思います。2020年前期は新型コロナウイルスの感染予防で、大学に通う学生さ

え学内に入れない状況でしたが、今後は少しずつ外部の生徒も見学ができる体制になるでしょう。家族旅行や外出の折に、大学を見ておくこともすすめます。門の前に立つだけでも、親近感が湧きます。

本来なら、「オープンキャンパス」という形で、高校生に大学の学内を案内し、説明会もあるのですが、以前のように積極的ではないかもしれません。まずは志望大学のホームページを見てみましょう。

**オンラインでのオープンキャンパスを受け付けているところも多いです。**地方に住む場合、東京の大学まで足を運ぶのがためらわれても、オンラインなら、見学し放題なので、興味本位の高め狙いの大学も、以前から少し気になっていた程度の大学も、よりどりみどりです。親子でオープンキャンパスを家で体験してはどうでしょうか。

**受験校は最終的に7校くらい選ぶのが平均です。**「そんなに多いのか」と驚くかもしれませんが、もっと受ける子もいます。オープンキャンパスも多めに体験するのが正解です。

| 復習ポイント | オンラインのオープンキャンパスを体験するのもおすすめ |
| --- | --- |

## 必ず志望校を決めて模試を受ける！
## 新設、名称変更の学部は情報収集を

模試は、試験を受けるという行為そのものに慣れるほか、受験校の偏差値と自分の学習の成長度合いをどう折り合わせるか、その判断に使う要素が大きいです。

ですから、いつまでも志望校を決めずに模試を受けるのはナンセンスです。

**高3になったら、とりあえず3校くらいは目星をつけて模試を受けましょう。** その志望校を模試のデータに入れつつ、受験勉強をしていきます。

最近は、保護者にはなじみのない大学も多く、戸惑うかもしれません。

保護者の方が学生だった頃と比べると、新設校があったり、伝統のある大学がまったく違う名称になっていたりして、面食らいます。

また、大学の名前はよく知っているけれど、聞いたこともないような新しい学科が次々に開設されていて、いったいどんなことを専攻する学科なのか、わけがわからないこともあるでしょう。

キャリアデザイン、総合文化政策、創造理工学部……。文字だけでは想像できないので、気になる学科は、大学のホームページをよく読んで把握してください。

子どもたちのほうが情報を持っていて、「ここに行きたい」といくつか候補を挙げてくると思いますが、「なにそれ? そんなところ行ってどうするの?」などと言わずに、ホームページを見て把握しておきましょう。

また、**子どもたちも断片的にしか大学の知識を持っていない場合があります。**夏以降は勉強で忙しく、大学について調べる時間もあまりなくなるので、資料集めや情報収集は手伝ってあげるとよいでしょう。

塾に行っているなら、事務スタッフに尋ねると、さまざまな情報を収集できます。塾のメールマガジンに登録しておくと、毎週のように受験情報が発信されるので、そうした情報も本人と共有し、コンセンサスを得ておくと話が早いです。

**復習ポイント**　**大学のHPや塾のメルマガを活用して情報収集する**

## 学校の三者面談は高3の夏と秋最後の面談では、7割方、受験校を決める

高校では三者面談があります。

高1では、学校生活や一般的な学習について話し合うことが多いですが、2年生から文系と理系に分かれて学ぶ学校がほとんどなので、文理どちらにするのか決めることも目的に含まれています。**どちらにするかは、大学の受験校、ひいては職業にも関係があるので、面談の前には子どもとよく話し合っておくべきです。**

高2の面談では、まだ学力が定まっていないので、あくまで希望を聞くなど、学校側は参考程度に聞いていると思います。

高3の7月頃に三者面談が行われる学校では、かなり具体的なことを聞かれます。この時期には3校程度の志望校を決めておくことです。

ここで、受験に大きな変化がある場合は、学校の先生に相談しておく必要があります。

経済的な面で厳しいという場合には、奨学金のことなども忌憚《きたん》なく話しましょう。

推薦入試をしたい場合には、7月のこの面談で先生と確認をし、お願いをしておく必要があります。場合によっては、先生のほうから推薦入試のおすすめがあるかもしれません。

また、住んでいる地域から離れた大学に行くのであれば、受験そのもので飛行機に乗る、宿泊するということもありますし、合格後の生活のことも考えなくてはいけません。

この面談によって、急速に受験が身近なものになっていきます。

10月の声を聞く頃に、多くの学校ではもう一度三者面談があります。**ここが最終ラウンドです。具体的な受験校の決定を望まれます。**あらかじめ子どもと話し合い、7割方の受験校を挙げて準備しておき、学校側の意見も聞きましょう。

三者面談の時間は15～20分程度です。時間を超過すると、あとに控えている別の保護者や生徒に迷惑がかかるので、あらかじめ質問すること、言いたいことをまとめておき、短時間で目的が達せられるよう準備しておきましょう。

| 復習ポイント | 三者面談は15～20分、簡潔に話せるようメモを作っておく |
|---|---|

## 受験するのは本人、受験校を決めるのも本人
## 塾の面談では、第3志望まで決める

高校の面談では、受験校について細かく質問するとか一緒に受験校を決めるというより、家庭で決めた内容を報告するような意味合いになります。

また、本人の全教科の受験勉強の進み具合などはチェックしていないことも多いですし、受験校選びの細かい内容を話し合うのはなかなか難しいかもしれません。

しかし、受験塾では、ふだんの受験勉強の状況や模試の分析などができていますから、本人の希望と合わせ、現実的な受験校の選択に詳しく情報提供ができます。

本人も、受験塾やインターネット、SNS、友人などから日々情報を仕入れていますので、本人の情報と塾の情報を取り入れながら、実際の受験校を決定するとよいでしょう。

多くの場合、**高3の塾の面談は、受験校を実際に決定する9月から11月くらいの時期に行われます。**少なくとも第3志望校までは決定に近い形で塾と相談しましょう。そのほか

の滑り止め校、チャレンジ校なども、目算があるなら具体的な学校名を出して相談します。面談の席で親子の意見がまったく食い違っていては、面談の意味がありません。受験校と受けたい学科、質問などはあらかじめリストにしておき、話したいことはしっかり話し、聞きたいことも逃さず聞いて、面談の時間を実りあるものにしましょう。

もちろん、再度の面談も可能ですが、子どももだんだん忙しくなりますから、一度の面談で決められるよう、しっかり準備をしておくほうが賢明です。

また、保護者の方は、塾側に遠慮するのか、本人を面談の場でけなすことがあります。「ちっとも勉強が進んでいない」「何を考えているんだか」「高めの受験校ばかり選んで」など。**こうしたネガティブなことを塾の前で言うのは、本人のモチベーションを下げますし、プライドを傷つけます。**

受験するのは本人、受験校を決めるのも本人です。保護者と塾が話しすぎて本人が口を閉ざしてしまう面談ではなく、本人主体の面談を心がけましょう。

| 復習ポイント | 塾の面談は、より現実的な受験校の選択に有効 |
|---|---|

## 「この大学を受けたい」と、子どもが正直に言えるか？受験校選びにも親子の信頼関係が肝心

保護者の方にも、しっかり情報を得てほしいですが、情報や知識が偏ったまま意見すると、子どもたちが困ります。

親はスポンサーでもあるわけで、子どもは自分の行きたい学科のことを言い出しにくい場合があります。

それに、受験の情報は風評も含めて、保護者より、圧倒的に子どものほうが多く持っています。まずは、子どもの声に耳を傾けてください。**一方的に保護者が話すような受験校決めはしないようにしましょう。**

一番大事なのは、「この大学を受けたい」と、本人が正直に保護者に言えるかどうかです。

そして、よく話を聞いたら、頭ごなしに否定せず、

「わかった、お前がそこがいいなら、バックアップしてやる」

と、言ってあげてください。そうなったら、口出ししないほうがいいでしょう。

「そんな偏差値の高い学校、大丈夫なの？　もっと勉強しなきゃ」

なんて、言わないでください。

たとえ、親から見て「この成績ではきつい」と感じても、「やるだけやる」という親子のコンセンサスがあれば、本人はがんばり出します。そこが、受験校選びの勝負なのです。

そうすれば、最後は親を頼ります。圧倒的な信頼関係ができるのです。

## 受験校の話を切り出す前に夫婦でよく話し合っておく

この信頼関係は、高3になっていきなりできるものではありません。

たとえばお父様が、ふだんほとんど子どもと話さないのに、いざ志望校を決めるときに、仁王立ちになって、「さあ、話してごらん」などと言っても、いきなり正直に答えられるわけがありません。

何度も申し上げているように、そこまでのふだんの関係が大事なのです。

まだ子どもが受験学年でないのなら、保護者は、子どもと何気ない会話を楽しむ、さりげなくほめる。そのようなことを繰り返して「うちの親なら正直に言える」という関係性を作っておいてほしい。

こんなふうに言ったら、あの子はどう言うかシミュレーションして、夫婦で何回も話し合っておく。日頃の子どもとの会話が、なかなかはずまない、リアクションもない、そんな場合でも、子どもはだいたい聞いているんです。そう思って短めに話しかければいい。

つまり、夫婦の間では「子どもの意見を聞き入れよう」という話し合いをたくさんしておくこと。そして、正直に子どもが話したことに共感して、夫婦そろって励ます、ということが肝心です。

これさえできれば、子どもは勉強に突き進んでいきます。親への感謝の念を持ちながら、がんばるんです。そのときの彼らの姿は本当に神々しいまでに美しいです。

**どんなに塾の講師ががんばって寄り添っても、学校の先生が悩みを聞いても、やはり保護者のあたたかい励ましに勝るものはありません。**

秋以降、本格的に受験に向かっていく力は、保護者の腕にかかっているのです。

| 復習ポイント | 親のバックアップがあれば、勉強に突き進んでいける |
|---|---|

## やりたいことを優先？　ブランド志向？
## 教養学部を選ぶのもひとつの方法

子どもに憧れの大学、どうしても行きたい大学があれば、その大学を中心に受験校を決めていくのが一番よい方法です。

途上国の支援をしたい、ロボットを研究したい、デジタルコミュニケーションについて学びたい。さまざまな夢をあと押しする学部がいくつも存在します。

専門的に研究をしている教授から技術や知識を学べる環境を得られるのですから、ぜひとも、「やりたいこと」に近い学部を選んでいただきたいと思います。

しかし、このように明確な夢や目的がない生徒のほうが、実は多いのではないでしょうか。特に男子は、将来の夢を聞いても特に明確なものはなく、「まあ、会社員になるんですかね」なんて言う子は多いです。それなら開き直って、「早稲田か慶應を目指す！」とブランド志向になってもよいと思います。

あるいは、将来の目標が定めにくいのなら、「教養学部」を選ぶのもひとつの方法です。教養学部では文系・理系も含めてさまざまな領域を広く浅く学びます。その中で、自分にフィットした学問領域を選び取り、その後の道を選べるところが多いのです。

教養学部があるのは国公立の大学が多いです。たとえば東京大学は理科１〜３類、文科１〜３類に分かれていますが、２年生までは全員が教養学部で、専攻は２年生のときに決めて３年で分かれる形をとっています。

国際教養大学、千葉大学、横浜市立大学にも教養学部はあり、私立なら国際基督教大学が文系・理系を横断的に授業選択ができます。**無理に専攻を決めずに、大学に入ってから専攻を決めるやり方もあることを知っておきましょう。**けれども、このような「やりたいことを実現できる学部に行く」「大学でやりたいことを見つける」というような正当な学部選び、大学選びとは別に、シビアな現実があることも知ってください。

２０２１年度ははじめての共通テスト、大学ごとにリーディングとリスニングの点数の配分が違います。自分の得意教科、不得意教科を自覚した上で、どの大学をどう選ぶかが、合格を左右する事態になっています。２０２４年には抜本的な共通テストの改革がありますし、ここ数年は共通テストの出題は安定しないでしょう。

また、私大の出題傾向もさまざまです。

早稲田大学の政治経済学部と国際教養学部、スポーツ科学部は、入試の合否に共通テストの点数を大きく加味することになりました。現状で、政治経済学部は共通テスト100点＋学部独自試験100点＝200点、国際教養学部は共通テスト100点＋学部独自試験（英語）80点＋英語外部検定試験（加点方式）20点＝200点、スポーツ科学部は共通テスト200点＋小論文50点＝250点です。

**要するに、共通テストの比率が非常に高い。**

一方で、早稲田大学の文科構想学部、立教大学や青山学院大学は、「英語民間試験を活用する」という選抜方式をそのまま2021年度から取り入れることになりました。千葉大学の国際教養学部も同様です。

保護者の学生時代からは考えられないような受験校の決め方も出てきます。ぜひ、受験情報をしっかり収集して、子どもや塾と相談してください。

**復習ポイント**

**共通テストや英語民間試験を活用する大学もあり、受験は複雑になる**

## 同じ学部でも何回も受験のチャンスがある！受験日の組み合わせをよく吟味して

子どもが受けたい大学、受けたい学科があらかた決まったら、日程を組んでみましょう。

**多くの場合は共通テストを皮切りに、その後2か月くらいの間でスケジュールを作ります。**

共通テストが1月の第3週目の土日。私立の中心となる試験は1月末から2月いっぱいのことが多いです。

受けたい大学の試験日はいくつもあります。

たとえば、「とにかく早稲田大学に行きたい」と憧れているなら、法学部、政治経済学部、商学部、教育学部……、すべての学部の試験日はバラバラに分かれているので、全部受けようと思えば受けることができます。つまり、どれかの学部に受かれば早大生になれます。

また文系の例で言うと、共通テスト利用、英語・国語・地歴で受ける一般選抜、小論文と英語だけで受ける入試など、同じ学部・学科でも複数の受験日や選抜方式が設定されている場合も多くあります。

たとえば青山学院大学国際政治経済学部国際政治学科では一般選抜で3種類、共通テストのみで合否判定を行う共通テスト利用選抜で2種類、必要な教科数や募集人数はそれぞれ異なりますが合計5種類の選抜方式があります。

また、これらの試験日だけでなく、合格発表の日も把握してください。

**第一志望校で合格すれば、その後の試験は受験料を払っていても受けなくていい。また滑り止め校でも上位に考えていた学校に受かれば、「最後の最後」の滑り止めの学校は受けなくてすみます。**

そして、入学金の納付、前期の授業料・諸会費の納付の締め切りの日も加味して、無駄や無理のない日程を組む必要があります。

日程は表にしておくとわかりやすいし、漏れがありません。くれぐれも間違いや漏れのないように、何度か確認して日程を組むことをおすすめします。

| 復習ポイント | 受験日と同じく、合格発表の日もしっかりと把握しておく |
|---|---|

## 受験校選びで絶対忘れてはならない！
## 意外とかかる〝受験料〟のこと

受験校を決めるにあたって大事な、「お金について」お伝えします。

**受験塾では、「平均7校くらいは受けます」と言われますが、7校を受けた場合の受験料、その他かかるお金を想定しておきましょう。**

大学に行くために必要なのは、塾代と大学での授業料だけではありません。

模試の料金が1回5000〜7000円として〇回程度受けるとして〇万円。

実際に受験の場合、受験料は以下のとおりです（概算）。

●共通テスト受験料（3教科以上受験）　1万8000円
●私立大学一般選抜　3万〜3万5000円
●私立大学一般選抜医学部　6万円

●私立大学共通テスト利用入試　1万～2万円
●私立大学共通テスト利用入試医学部　2万5000～6万円
●国公立大学二次試験　1万7000円

たとえば私立6校、国立1校を受け、そのうち3校は共通テスト利用入試（共通テストの点数で合否が決まる）も併願するとなると、受験料だけで30万円近くになります。

ただ、一般選抜も私大によってはさまざまな形式があり、同じ学科を2回受ける場合は割引が利く、共通テスト利用＋一般選抜の場合は割引になるなど、異なります。利用の仕方次第で、少し節約できる場合もあります。

しかし、**遠方の大学を受験する場合には、このほかに交通費、宿泊費などが必要になります。これがバカになりません。**往復割引、学生割引、新幹線の回数券など、交通機関の割引制度も利用するといいでしょう。

また、旅行会社は受験生向けのパッケージツアーを各種出しています。試験会場への送迎や試験当日の弁当の手配、勉強用電気スタンドの貸し出しや、激励用の「カップラーメンサービス」など、さまざまな配慮があり、ひとりで高校生を送り出す保護者としては、このパックが安心です。こうしたパックは1泊朝食付きで8000～1万8000円程度です。

試験の日程によっては、2～3校の受験のために長期に滞在する場合も出てきますし、受験日が飛び飛びなら、回数が増えます。

こうした旅行代だけで10万円程度かかってしまうこともあるので、遠方の受験の場合はこちらも覚悟が必要です。

**心配だから保護者がついていこうなどと考えると、ますますお金がかかります。**

## 入学金を捨てる場合もあるので、支払い最終日もチェック

さらに、悩ましいのが入学金です。

滑り止め校を受けている場合、先に滑り止め校に合格してしまうと、その入学金を支払って、本命の合格を待つ、という形になることは多いです。

早稲田大学や慶應義塾大学は受験日が遅いので、これらの学校を本命にしている場合は、その前に受験した大学の入学金を「捨てて」、入学する場合もあるわけです。

国公立大学が第一志望の場合も、合格発表がさらに遅い場合がほとんどなので同様です。

私立大学の入学金は20万〜30万円。医大では200万円のところもあります。ひとつなら仕方ないとしても、2つ、3つと捨てるのは非常にもったいない。第一志望の大学、それ以外の大学の日程と、入学金支払いの最終日との関係もよく吟味し、無駄のない払い方を考えましょう。

つまり、一般的に、受験学年の塾代、実際に通う大学の入学金や授業料のほかに、模試代3万円＋受験料30万円＋捨てる入学金25万円とすると、60万円程度が必要になります。また、遠方の大学を受ける場合はこれにプラス10万円は用意が必要です。

さらに、入学前に前期の授業料を支払うところがほとんどです（この分は通わない大学の場合は返金されるケースがほとんど）。

大学側もさまざまな考慮の条件を用意していますが、大きなお金が動くことは確かです。この分のお金のことも加味して、受験校を決めていきましょう。

## 住民税非課税世帯の学生は「大学無償化」

高校においては年収590万円未満の場合は、国によって私立高校の授業料の負担が大きく軽減されました。

2020年4月からは「大学無償化」も始まっています。

**大学、短大、高等専門学校、専門学校の学生が支援対象で、住民税非課税およびそれに準ずる世帯に限られていますが、朗報です。**

これまでも、奨学金の制度はさまざまありましたが、多くは返済が必要で、卒業後にその返済が困難になるケースも多々ありました。

しかし、今回の制度「給付型奨学金」では返済の義務がありません。自宅からの通学か、通学先の大学が私立か国公立かによって金額が異なりますが、私立大学・短期大学・専門学校の場合で自宅生の場合は約46万円、自宅外生の場合は年間約91万円の給付を受けることができます。

また、「授業料減免」の制度では、私立の場合で入学金は上限約26万円、授業料は最大年間約70万円免除されます。国公立の場合は各々、約28万円、約54万円が減免となるので、実質的に国公立であれば、入学金と授業料がほぼ全額免除となります。

入学する本人の明確な進路意識や強い学びの意欲、進学後の十分な学習状況がない場合には支援打ち切りもありますが、年収の条件を満たす世帯であれば、ぜひ注目していただきたい制度です。詳しくは文部科学省のホームページをご覧ください。

このほか、**入学試験で優秀な成績を収めた学生などを中心にした、大学独自の給付型の奨学金制度などもあります。**

金銭的な不安があるなら、こうした情報も塾に問い合わせ、本人とも相談しながら受験の対象に含めることも考えましょう。

さらに付け加えると、共通テストを利用して私立大学を受ける場合、共通テストの自己採点の点数がよければ「あの大学の一般選抜は不要」となることもあります。

また、点数に不安があれば、「今から受けられる大学にもエントリーしておこうか」ということにもなります。

そうなると、払ったお金が無駄になることもありますし、差し引く受験料、加える受験料も出てきます。保護者としては気が抜けません。

さまざまな料金シミュレーションをしておくと、あわてなくてすむかもしれません。

**復習ポイント**

**受験スケジュールだけでなく、金銭的な条件も調べて決める**

休憩タイム 5

# 模試の結果、残念な顔を見せないで！ほめれば、やる気が出てくる

模試の結果は、けなすのではなくて、どこかいいところを見つけてほめることが大切です。

判定その他、本人も保護者の方も「これでいい」と思うような結果はなかなか出ませんが、そんな中でも、子どものよかったところを見つけるのです。

各教科、国語なら、現代文の中で何が一番よかったか。漢字はあまりできなかったけれど、20字で説明せよ、というところができていた。それなら「こうやって記述をするのが得意なんだね」と。

数学なら二次関数がよかった、英語は文法がよかったなど。

教科ごとに、こまかく分類して、点数が出されていますから、平均点よりよかったところがあれば、すかさずほめましょう。

どれもたいしたことがなくても、本人が一番できたところをほめればよいのです。1点でも2点でもよくとれたところがあれば、そこに注目してほめます。

たとえ、英語の文法問題全体がたいした点数でなくても、ほかの分野

よりマシだったら、「文法が得意なんだね」と。子どもは、「自分は英語の文法が得意なんだな」と意識するようになります。

そうすると、授業でも文法をやるときには真剣に聴くようになる。参考書を読むときも、まずここを完成させようと思う。自然とそこの部分の勉強が厚くなります。

そうやって文法が好きになり、次の試験でも文法の部分の点数が高かったら、「しっかり勉強したから、結果が出たね。それにしてもやっぱり文法は得意なんだね」と、ダメ押しでほめるのです。そうすれば、ますます自信を得て、文法が得意になっていく。受験勉強に光が見えてきます。保護者の方のこのようなほめ言葉は、本人のやる気を大きくアップさせます。

ただ、いつもけなしてばかりなのに、急にほめると気持ち悪がられるので、日常生活の中で、ちょっとしたことでも自然にほめる癖をつけるとよいでしょう。冷蔵庫から牛乳を取ってくれただけで、「お、気が利くね」、こんな感じでよいのです。

第6限目

# 絶対合格のために！保護者がやっていいこと、悪いこと

## 「うるせぇな！」が口癖でも親子関係がよければ受験はうまくいく

これは偏見でもなんでもないのですが、親子の関係がうまくいっている受験生は、受験自体もうまくいきます。

受験にさしかかる小学校5年くらいから高2くらいまでは、反抗期で親に「うるせぇな」ばかり言っているかもしれません。

### 「うちは子どもが親とあまりしゃべらない」

### 「悪口言い合ってばかり」

と思うかもしれませんが、そういうことではないのです。

そんな子どもに怒ったり悲しんだりして、ときには怒りをぶちまけ、大げんかになっても、なんだかんだ言ってしっかりと伴走している保護者の子は、ちゃんとありがたみをわかっているのです。

そして、保護者の苦労と愛情をしっかりと感じた子は、どの子も、最後には本当に親に感謝するようになる。そして、自分のためにも、親のためにも勉強をがんばるのです。

これは事実です。

保護者のみなさんは、それを信じて、子どもの受験に伴走してください。

## 最近は父親が子どもの受験に関わるようになってきた

では、どんな伴走の仕方をするのか。

そこは、保護者の方の個性でもあるわけですが、最近の親子関係の傾向を念頭に置きながらお伝えしましょう。

まず、お父様が受験に大きく関わるようになりました。

**入塾説明会などでは、かつてはお母様の姿しか見なかったのですが、最近はお父様が目立ちます。**みなさんとても熱心にメモを取ったり、最後に手を挙げて質問したりする。「来させられている」のではなく、自ら子どもの受験に関わろうと、前向きに来てくださっているわけです。

かつては、そんなお父様を「うざい」と思っている子も多くいましたが、今はそういう傾向はあまり見られない。子どもと一緒に入塾説明会にお越しになり、父子並んで我々の説明に耳を傾ける姿も、たくさん見られます。

私のような年代では若干驚かされますが、親子関係がうまくいっているほうが受験もうまくいくので、仲良くしていただきたい、と思います。

ただ、気になるのは、熱心なお父様ほど、説明会の最後に学習方法を事細かに聞いてくることです。

父親は、子どもの受験に関わると、たいてい、「オレが勉強を教えてやろう」となるのですが、これには注意が必要です。

**受験における親の走り方は、あくまでも「伴走」であるべきです。**保護者の方が先頭に立って全速力で走ったり、勝手にコースを作って子どもを無理やり走らせたりすべきではない。

そのことを、この章ではお話ししていこうと思います。

| 復習ポイント | 父子が仲良くなるのはいいが、親だけが勝手に突っ走らない |
| --- | --- |

# 「こんなこともわからないのか！」はNG　親が教えるときは感情的にならない

親が子どもに勉強を教えるのは、一般論で言うとうまくいきません。身内同士は難しい。**感情が前に出てしまい、冷静に教えられない。「こんなこともわからないのか」という顔をしてしまうと、子どもは傷つきます。**

そして、子どもに「わからないやつだ」と言っている親の教え方が本当にそれでいいのか、という問題もあります。

よくあるのは、理数系出身のお父様が、算数や数学で伸び悩んでいる子どもに教えるパターンです。ご自身は理数系が好きで成績もよかったから、

「うちの子ができないわけがない、それなのに、なんだ、この体たらくは！」

奮起して、「じゃ、自分が教えてやろう」となります。

数学は英語みたいに時間がたって忘れるものではないので、腕まくりして解き始めます。

でも、子どもが学校で習った解き方と、お父様の解き方が違うし、自分流に解くから子どものほうはわけがわからない。

子どもに教えるというより、もはや自分で解いて答えが合っていれば、「ほら、合ってた！はいおしまい」とお父様が自己満足してしまうような状態で、子どもはシラけます。

**これ、全然勉強になっていません。**説教をずっと聞いて、親がウキウキと問題を解き終わり、子どもはますます成績が伸びない。そうすると親がますますがんばっちゃって……、負のスパイラルになります。

大学受験のための入塾説明会や、塾の保護者会では、高1、高2の場合、必ず参考書を抱えて質問においでになる保護者がいます。それはお父様です。お母様ではない。

たしかに、非受験学年の高1、高2の子どもに英語を教えるのは、これは悪くないんですよ。やれとは言いませんが。

「この単語を覚えよう」とか、「この構文の意味は……」などという初歩レベルの問題文なら、学生時代にちゃんと英語を勉強して来た方なら、子どもに教えることができます。

ところが、**高3近くになってくると、お父様が相当準備されないと、子どもの読むスピードや理解スピードにはついていけません。**

## 子どもに教えるときは、中途半端でやめない

親が子どもの勉強をみるのなら最後の最後までみていただきたい。途中で手に負えなくなったからフェイドアウトする、というのは子ども自身がどう思うでしょうか。

「お父さん、手に負えなくなったからやめちゃったんだ」

と、ガッカリするでしょう。

それに、**途中で「無理だから」とフェイドアウトされてしまうと、子どもはひとり残された、自分なりの勉強をしなければならなくなります。**取り残された子どもがどうなるのか。お父様の指示に従って勉強をしてきて、急にそれが断ち切られる。自分なりの勉強法を見いだせないまま、放り出されることほど、困ることはありません。

途中でお手上げになってやめるにしても、子どもに今後の勉強の道筋をつけてから手を引いてください。

| 復習ポイント | 最後まで教えるなら、親も猛勉強して指導できるよう努力する |
| --- | --- |

## 「勉強しなさい！」は、親が言っても効果なし 塾にお尻を叩いてもらったほうがいい

「うちの子、全然勉強しないんです」

これは、保護者の方の口癖のようなものです。どんな偏差値レベルの子どもの場合も、まずそのような評価です。**たいていの子は、保護者の目に見えるところ（つまり家庭）ではリラックスしてダラダラしています。**その目の前の生活だけを見て、「勉強しろ！」と怒鳴るのは、妥当なのでしょうか。

まず、どれだけ勉強していないのか、観察してください。

非受験学年の中学生で、週に平均して1日あたり1時間、高校生で1〜2時間以下しか勉強していない、というのであれば、「していない」ことになるでしょう。

受験学年なら、それ以上は勉強してほしい。

しかし、できない理由もあるでしょう。

部活や委員会活動がハードすぎて、家に帰るとぐったりしてしまう。

学校で何かトラブルがあって気持ちが落ち込み、勉強に向かっていけない。

学校の宿題が多すぎて、塾の宿題に手が回らないという場合もある。

子どもにとっては自分ひとりではなかなか解決できない問題です。**ただ怒鳴り散らすだけでは、本人が苦しむだけです。**このように勉強できない理由がはっきりしているのなら、じっくり子どもと話し合い、親も先生と冷静に話し合って、よい策を探っていきましょう。

こうした環境的な問題がなく、単純にサボっていて宿題もしていないというのなら、叱ってよいと思います。

## 塾の講師は、具体的に何をすべきかを子どもに伝えられる

ただ、勉強していない本人を受け止める主体は学校や塾です。特に、塾は「受験のために本人に勉強をさせる」のが仕事なので、お尻を叩くのは塾の仕事です。

親が子どもをけしかけると摩擦が起きやすいので、第三者である塾の講師や学校の先生に現状を話して、注意してもらうのがよいでしょう。

モンスターペアレントでもいいから、塾にはジャンジャンこぼしていただいて、

「受験のプロである塾から言ってください」

と、伝えてください。

男子の場合だと先生から注意されると1週間くらい勉強します。女子の場合は、なかなかそうはいかない。女子はひとこと言いたいんです。「なんで私が言われなきゃいけないの」とか、そんな感じです。そういう子はちゃんとした子なのですが、あれこれ言うので時間と労力がかかります。

どちらの場合も、何をどう勉強するか、理詰めで伝えます。そのあたりは、第三者が話したほうが冷静になれますし、客観的にすべきことを伝えられるでしょう。

## 親が焦っても、受験生はそんなに早い時期には伸びない

では、塾はどう行動するか。

まずは保護者の方が、子どもにどうなってほしいのか、それを教えていただきます。非受験学年の場合は、学校の成績を気にしている保護者が多い印象です。「成績が伸びない」なら、何をもって伸びないとおっしゃっているのかさらに深く聞いていきます。学校の校内順位が上がらないとか下がったとか、偏差値がどうもよくないとか……。最

近は、学校も成績をグラフ化したりして、見やすく工夫しています。それを拝見しながら、学校の成績を伸ばす方策を考えて提案します。

非受験学年の場合は、校内で実力試験のような模擬試験風のテストがあって、それで翌年度のクラス分けの参考資料にする場合もありますし、「全校で何位」という結果が出たりします。こちらは、定期試験よりも保護者の方は気になるかもしれません。

いずれにしても、非受験学年の保護者の方は、学校でのポジションが気になることが多いのです。

一方、**受験学年の保護者の方の心配は、「志望校に対する成績が届いていない」。**非受験学年と全然、性質が違うのです。当然、生徒本人に対するアドバイスの中身も違います。

ただ、受験学年の子どもを持つ保護者の方に言いたいのは、

「受験生はそんなに早い時期には伸びませんよ」

ということです。受験前ギリギリで突然伸びたりするのです。保護者の方は、

**「みんながんばってるから、うちの子がけっこうやっても合格に届かないんじゃないか」**

とおっしゃいます。

そんなふうに不安に思うときは、発想を変えていただきたい。

とにかく、9月であろうが受験直前であろうが過去問で合格最低点が取れれば、合格する可能性があるわけなのです。その感覚で、現役生の場合はとにかくやっていればいい。非受験学年の子どもの学校の成績は、子どもの生活環境全体の問題があるので、そこに注目しましょう。宿題など最低限の提出をしているのか、課題をちゃんと出しているか、試験前の準備はどうだったのかなど、細かく検証する必要があります。

その上で、その子に合った言い方でできるだけ納得できるよう、プロとして話します。

しかし、我々塾の講師も学校の先生も、本人の勉強の仕方が把握できている部分とそうでない部分がある。**試験前にどれぐらい勉強したのか、勉強したのにできていないのか、勉強していないからできていないのか。それは家庭でしかわからないのです。**

保護者の方には、塾や学校の先生が本人に勉強を促すための情報を、生活を観察する中で、また本人との話し合いの中で収集していただきたいと思います。

| 復習ポイント | 遠慮は禁物、塾を頼りにして要望をどんどん伝えていい |
|---|---|

# 「それじゃ成績が上がるわけないじゃない！」不満や否定的な意見は言わない

保護者の方には、子どもの勉強のやり方について、勉強時間の持ち方について、客観的な情報を、把握していただきたい。

まずは、本人の自己申告です。非受験学年の場合は、学校の定期テストの勉強をどのようにしているかが中心でしょう。塾に行っているのなら、それプラス、塾の宿題やテストをどのようにこなしているかを客観的に聞きます。

**「試験○日前からまず英語の○○をやり、1日○教科をこうやった」**

というような勉強時間の持ち方などをまず聞きます。メモを取るといいですね。

本人の自己申告がどうなのかを聞いたら、それに対しての自己分析を促す。

「今回は数学の試験の準備はできたけれど、英語と物理の準備があまりできなかった」

「朝1時間勉強するのを日課にしていたけれど、朝練が多くなってそれが難しくなった」

など。1回や2回のやり取りでは無理です。反抗心を引っ込めて勉強しなかった自己分析をすることを常態化するのは、本人にとってはなかなか大変です。

**特に、本当に勉強していない子は言わないです。いや、「言えない」が正解ですね。**

「うちの子は『うー』とか『あー』とかしか言わない」

でも、あきらめず、なんとかあの手この手で言葉を引き出していただきたい。

「言えない」のではダメで、自己申告から自己分析まで行かないと、自分の勉強に対する態度、思いを変えることはできないでしょう。

## 子どもが全部言い終わらないうちに、親は口を挟まない

当然ながら、保護者の方は、子どもに自己申告、自己分析させるときは冷静になることです。そして、自分の意見をできるだけ差し挟まない。

「そんなちょっとしか勉強しなかったの!? 成績が上がるわけがないじゃない、まったく」

「なにそれ。冗談じゃないわ、高いお金払って塾行っているのに、宿題もしないんじゃ、何の意味もないじゃないの!」

などと保護者の意見を爆発させたら、何も言わなくなります。

挨拶をしろとか、朝は決まった時間に起きろとか、しつけの面ではガツンと叱っていいですが、勉強のことは、できるだけポジティブに話したい。

**子どもが全部言い終わらないうちに保護者が否定的なことを言うのは、とにかくやめていただきたい。**塾や学校が本人と勉強のことについて話し合うための情報がきちんと得られなくなりますし、今後の受験に関する親子の関係も、スムーズに行かなくなります。

子どもが保護者に、自分はどんな学校に行きたいのか、はっきりと言い、そのためにどんな努力をすればいいのかを自覚して受験に挑んでいくためには、保護者が子どもに話ができる関係性を作っていかなくてはなりません。

いわば受験の成功を目指すために良好な親子関係ポイントをためるのなら、少しずつ情報交換して親子で前向きになる練習をしないと。これこそが、「親子の関係がよければ受験は成功する」のスタートラインなのです。

受験成功のポイントをためる第一歩、それは子どもの言葉を引き出すことです。

**復習ポイント**

**親は子どもの勉強を客観的に把握し、前向きな話をする**

## 父×男子、母×男子、父×女子、母×女子
## それぞれに傾向と対策は違う

子どもと親が向き合うときには、それぞれの特徴を考えて話すと、うまくいく場合が多いです。もちろん男女の組み合わせだけでなく、個性を把握して話すことが不可欠ですが、私が感じる最近の親子の関係もご参考になると思います。

まず、父親と男子との関係ですが、子どもの教育に関心の高いお父様は、つい言葉が乱暴になりがちです。

**「何やってんだ、そんなんじゃ受からないぞ！」**みたいな。

今の時代の子は、その剣幕を制することができず、黙って静かに聞いている子が多いと思います。嵐が通り過ぎるのを待つ。「あと2分かな」など。

これでは、怒鳴る意味がありません。落ち着いて、怒鳴らずに話す練習をしていただければと思います。

一方で、最近は、友達同士のような父子も増えています。仲良く参考書を買うような。それはそれでよいと思いますが、なあなあの関係になりすぎないように注意してください。

母親と息子も、今は父親×息子と同じような関係性です。友達親子も多いです。

ただ、父親と息子だと、お互いに乱暴になれますが、母親と息子ですと言語能力は母親のほうがはるかに上なので、**母親にきついことを言われると、本質を突かれて、逃げ道がない。**お母様が高学歴だったり、社会経験が深かったりするほど、突っ込みも鋭くなり、息子はきつくなります。叱り方には注意をしていただきたいですね。

男子は自分の思いを言葉で表現することがあまりうまくないので、つい、ダメ出しをしたくなるのはわかります。

しかし、もどかしく思える言葉の裏側に、その子が大事にしているものがあるかもしれない。男子の心の声を聞いてあげてください。

## 父親は娘に甘すぎ、ときには母親の力を借りるといい

父親と女子は、一般には親が子どもに甘くなりがちです。そこを織り込み済みで、女子

は父親にいろいろと頼んできます。断らないだろうとわかっているからです。

娘の行きすぎた要望を受け止めきれなくなったら、その分、お母様の出番を増やして、関係性をうまく保ちながらやっていけばよいだろうと思います。

そして、**母親と女子は、女子同士特有の言葉のバトルで、言葉尻だけ活字にしたらすごくきついことを言い合っている。けれど、やはり仲はいいですね。**

ああ言ったらこう言う、そうしながら共通の方向に行けばいい。

男子と父親は1回1回アマレスの試合のようで、その場で完結。女子と母親はプロレスみたいにストーリーがあって、そこに向かって闘いのドラマを作り上げていくという違いがあると思います。

そして、さんざん母親と娘が勉強のことでやりあっても、その5分後に「あそこのカフェのケーキおいしかったよね」という会話になるのが、見事といいますか。

それは父親と男子の関係性ではでき得ないことです。

| 復習ポイント | 父親と男子はアマレス、母親と女子はプロレスのよう |
| --- | --- |

# 親の母校や偏差値の高い学校を押し付けない！受験は〝子どもファースト〟で決める

保護者が母校に思い入れがあると、「うちの子を自分の母校に」となるケースがよく見られます。

子どものほうが、自分から「親と同じ学校に行きたい！」と言っているなら、問題はありません。しかし、保護者側の思い入れが強いと、子どもはＮＯと言えない。

まず、**保護者の方が学生のときに通っていた学校と今とでは学校が変わっている場合があることを認識していただきたいのです。**

40代の方なら、ご自分が習った先生がまだいらっしゃって、学校に行くだけで、まるで同窓会のように楽しい。

こうなると、子どもの受験というよりも、ご自身の楽しみに感情がシフトしてしまって、何が本質かわからなくなります。

「母校はいい学校だった」という印象だけが残っていることが多いですが、卒業しておおむね10年たてば、なにかしら変わっているはずです。

親が好きなものを、子どもも好きとは限りませんからね。

学校説明会などに出かけ、今のこの学校は世の中にフィットしているか、卒業した子どもにどんなメリットがあるか。何回も自問自答なさったほうがいいと思います。

**自分と同じ制服を着る子どもを想像して酔うのではなく、子どもファーストで考えてください。**

## 「医学部に入ってほしい」気持ちが、子どもを苦しめることも

「子どもを、実力以上に偏差値が高い学校に入れたい」という保護者、これは言語道断です。一番やっちゃいけない。罪が重いと思います。

たとえば「〜大学に入ってほしい」とか「医学部に入ってほしい」というのは、本人が「それは難しい」と思っている場合は、子どもを苦しめるだけです。

親の思い入れがあればあるほど、本人の足かせが重くなるのだと認識してほしいと思います。

よく、「医学部の中でも比較的授業料が安いところがある」と言う方もいますが、安いといっても私大理系より高いですし、こうした医学部は「授業料を安くしてその分優秀な学生をとろう」と思っているわけで、偏差値が高く、試験問題も難解な傾向にあります。

また、国公立大学の医学部なら授業料は安いですが、さらに偏差値が高い。医学部だけでも受けるのが大変なのに、「中でも授業料が安いところ」という限定をつけられてしまうと、本人がつらくなる一方です。

**子どもの成績が少し期待できると、それを上回る大きな期待をかけてしまうタイプの保護者の方はいらっしゃいます。**

しかし、親の自己実現と子どもを一緒にしないでいただきたい。

子どもにいらぬプレッシャーをかけず、まっすぐに自由に受験勉強に向かわせてあげてください。

**復習ポイント**　**親の過度の期待は、子どもに相当なプレッシャーを与える**

# 「早寝早起きが一番」とは言えない！受験生にも生活、睡眠のリズムがある

受験期の健康管理を考えたときに、睡眠は非常に大事です。しかし、寝てばかりいては勉強ができません。本人が自覚して、「この時間に起こして」と言ったら、保護者の方は蹴飛ばしてもなんでも、起こしてください。本人はそうしてほしいと思っています。

起こしたらまず、**「うるせぇな」とか「あと5分」とか言うので、つい怒りたくなりますが、絶対に起こしてもらいたいのです。**

起こすのはお母様、お父様、おばあちゃま、だれでもよいのですが、たとえばお母様が起こすと決めたら、できるだけお母様が子どもの睡眠を管理する。朝何時に起きたらいいのかふたりで決め、昼寝も1時間では多すぎるから15分かせいぜい30分。「起こすから言いなさい」と声をかけ、必ず同じ人が起こしてください。そうすると条件付けになって、お母様の声を聞くと起きなきゃとなる。

自分で起きられる子も、もちろんいます。今はスマホにもさまざまな目覚ましの機能があり、イヤホンで睡眠も誘って時間になると起こすアプリもあります。自分でハイテクを使えば、なんでもできます。

しかし、勉強や不安と一日中格闘している秋たけなわ、何をやっても起きないことで本人を責めないでください。疲れ果てています。朝風呂に入れば風呂で寝る、トイレで寝る。着替えの途中でも寝るので、完全に着替え終わるまで見守らないと。**本当、受験生は隙あらば寝ます。**脳に条件付けしないと起きられないのも無理はありません。だから、睡眠を管理される方は、本人の起床の癖をのみ込み、その子に合わせた起床テクニックを身につけてください。

## 無理やり、子どもの生活パターンを変えない

生活時間の乱れも気になるところです。夜更かし、朝寝坊……。

ひとこと言いたくなりますが、今は夜起きている子もいれば、朝、早起きの子もいる。

昔はどの子もほぼ同じ生活パターンでしたが、今は一概に「早寝早起きが一番」と言えない風潮があります。

昼間は部活などで忙しく、夜が更けてからしか勉強時間が取れない子もいます。逆に夜遅くだと眠くなって勉強できない、という子も。夜更かしがダメだとか朝型がいいとか、その子の部活や家での環境が生活リズムに影響しているのです。無理に変えると負担になるので注意してください。

**大切なのはどれだけ勉強したかということで、それが朝であれ夜であれ親とまったく違う生活パターンであれ、勉強していて成績が下がっていないならよしとする。**それが不特定多数の受験生に向けての一番正しいアドバイスです。

ただ、どんな生活習慣の子でも、受験の1か月くらい前までには、少しずつ朝型にしなくてはなりません。学校に通っている現役生は学校に合わせた一定時間に起きることが大切、浪人生だって授業や自習室があるわけですから、起きる時間を一定にすることです。

ここを守った上で、なんとか勉強時間をひねり出しているのですから、夜中であろうと、朝早くであろうと、頭ごなしにダメ出ししないほうがいいでしょう。

保護者は、子どもが夜中勉強していたら「お疲れ」と声をかけ、疲れて寝ていたら、毛布を掛ける。本人が決めたベッドで寝る時間なら、起こしてベッドに誘う。健康面のことを心配しているんだ、ということを示せば、子どもは全部覚えています。悪態をつくかもしれませんが、感謝するものです。

**昼寝も必要です。勉強や夜の授業を受ける際に起きていられるための昼寝です。**学校での昼休み時間、塾での授業前の時間。週末の自宅でのひととき。昼寝しないと持ちません。朝から15時まで学校の授業を受けて、部活をやって、塾でまた授業を受けて、家に帰って宿題。闘うサラリーマンよりもすごいです。見ていて尊敬してしまうほどです。

もし保護者の方が塾の教室の外からお子さんの姿を見たら、目頭が熱くなるかもしれません。こんなに一生懸命やっているのか、と。これはなんとしても支えてあげたい、と思うはずです。

家に帰って抜け殻のようになっていても、仕方がない。それだけ外で一生懸命やっているのですから。おいしいものを食べて、お風呂に入って、ぐっすり寝てちょうだいって思ってあげる。この応援が、受験生を勉強に向かわせるのです。

**復習ポイント**　**朝型、夜型であっても、成績が落ちていなければよい**

## 「頭がよくなる食事」ってあるの？厳しすぎる栄養管理もほどほどに

熱心な保護者の方は、子どもたちに少しでも「頭がよくなる食事」をさせようと、栄養士の方などのアドバイスに応じて、きめ細かく食事を用意していると思います。

しかし、基本的に、外では食べたいものを食べるのがよいと、私は思っています。

**受験期は楽しみがあまりなく、学校から塾に行く間で買うコンビニの食事やお菓子、浪人生なら昼飯が、唯一の楽しみです。**コンビニは、受験生のオアシスのようなものです。

ですから、オアシスで買うものには文句を差し挟まないであげてほしい。

その分、お宅では、外では摂取しにくいものを食べさせようとしますが、そのときも、あまり厳しく栄養管理をすると、食事が楽しくなくなります。「これを摂らせてあげよう」のポイントを絞ってください。

私がよく子どもたちに言っているのは、**「大豆と青魚を摂れ」**です。

大豆タンパク質のアミノ酸の中には、筋肉を強くし、持久力をアップさせ、集中力の維持に役立つものがあるといわれています。また、成分のイソフラボンは、生活習慣の乱れで引き起こされる、体の負担を良好な状態に導くのだそうです。

タンパク質、カルシウム、レシチンがしっかり摂れますし、大豆はコレステロールにほぼ影響しないそうなので、ダイエットが気になる女子にもよいと思います。

サバやイワシなど、青魚に豊富に含まれる栄養素は「ＤＨＡ（ドコサヘキサエン酸）」と「ＥＰＡ（エイコサペンタエン酸）」が主で、**ＤＨＡは記憶力や学習能力を向上させ、受験勉強にも欠かせないと評判です。**揚げたり焼いたりすると栄養素が減少するらしいので、あまり加工しないで調理したほうがよさそうです。サバ缶にタマネギスライスをのせたりするといいのではないでしょうか。

大豆も、納豆や豆腐なら調理もそれほど大変ではないですし、日々のお宅での食卓に、意識してのせるとよいと思います。

**復習ポイント**

**栄養バランスも必要だが、好きなものを食べる楽しみも大切**

## お金をかけるほど、合格率が高くなる!? 子どもへの投資は、ムダにならない

これは紛れもない事実ですが、お金をかければかけるほど、合格率が高くなります。大手の塾をふんだんに使うと年間100万円くらいは飛んでいきます。が、多くの子には、それだけの結果は返ってくるはず。塾への投資は、ムダにはならないと思います。

しかし、無尽蔵に子どもの希望どおりにさせてあげられるわけでもありません。ならば、「このへんが限界だ」と、あらかじめ早い時期に、子どもと話しておいたほうがいい。

**志望校がまだ決まっていない、親はお金がきついなと思っている、どうしようか……のまま直前を迎えると悲惨です。** 塾とお子さんとの間で「これくらい受けようか」と決めているのに、いざというときになって、「そんなに何校も受けられない」「冬の塾の講習の分は出せない」などとなると、勉強や受験の計画自体がひっくり返ってしまうからです。

また、地方の高校から東京の大学を受けて暮らすとなると、生活用品や家賃など、大学

への支払いにプラスされる。

このあたりも、具体的に数字を出して、「大学生になったら〇万円くらいバイトしないとやっていけない」という自覚を持って、勉強に取り組んでもらいましょう。

**「うちはお金がないのよ」と曖昧に言うより、「大学受験にはこんなにお金がかかるのだ」ということも具体的に示して、「うちならここまで払える」と提示したほうがいい。**

それで勉強に身が入るなんてきれいごとを言うつもりはないですが、志望校をちゃんと決めなきゃという気持ちにはなります。

本当に最近は、子どものほうから「うちの場合、経済的に夏の講習は3つしか取れません、先生どれを取るのがいいと思いますか？」と聞いてきます。しっかりしていますね。打ち出の小槌はだれも持っていません。それぞれの家庭の経済状況の中で、勉強していくことになるのです。保護者は恥ずかしがることなく、子どもと話し合いましょう。

18歳にもなれば、もう理解できる年齢です。

| 復習ポイント | 受験にかかる費用と、わが家の家計を子どもに説明しておく |
| --- | --- |

# 受験校決定のときに〝夫婦げんか〟は最悪！夫婦の意見は擦り合わせておく

よく、「受験の間は夫婦の関係性をよくしておくことが大事」などと言われます。もちろんそれはそうなのですが、日常のご夫婦の関係性とは異なる、受験のための特別な関係性を作ることなどできません。いつもどおりの関係性の中で、受験というアイテムを加えて乗り切っていく、ということだと思います。

塾や学校との面談、塾や家庭教師などの新たな勉強への関わり、家での環境整備、受験費用の用意など、これまでになかったことが加わるので、それらをどう話し合ってコンセンサスを得るのかが大事です。

お願いしたいのは、おふたりができるだけ一致している状態でいていただきたい、ということです。**お子さんがどこの大学に行きたいか自分の口でしゃべったときに、お父様とお母様がその場で言い合いになるというのが、最悪です。**最初から火の玉みたいに一丸となる必要はないですが、冷静に話し合える土壌は作っておいてください。

親がシングルの方は、一生懸命にやっている方に限って、「うちはシングルだからハンデが大きい」と悩んでいらっしゃる。

しかし、子どものほうは、悩みながらもその境遇を受け入れ、「負けずにがんばっていこう」と思っているケースがほとんどです。入学試験というのは、親がいようといまいと、合格点さえ取れば合格する、そこだけは平等なわけです。要するに、**家庭環境がどうであれ、本人の努力次第で受かる。**そこを意識させましょう。

受験だからと、ことさら子どもに変にすり込む必要はない。やれないことがあるのはどこの家でもある。けれど、試験結果に関しては平等なんだということをしっかり言っておきましょう。

実際、シングルのお宅は想像以上に多いのです。「うちは特殊」などと思う必要がないことも、付け加えておきます。

**復習ポイント**

**夫婦の関係性をよくすることが、合格への第一歩**

休憩タイム
―
6

## 合格祈願は親子で行きたい！"必勝"の気持ちも引き締まりますよ

子どもが受験で忙しい時期は、子どもは塾以外の外出はほとんどありません。親子で遊びに行くことなど皆無ですが、ひとつだけ、合格祈願は親子で行きましょう。

親が勝手に手に入れてきた合格祈願のお守りを子どもに押しつけるのは、あまり意味がありません。

たとえば東京に住んでいる子どもの父親が、出張で九州に行って太宰府天満宮でお守りをもらってきたとします。

「これは日本で最高の学業の神様だ、おまえのためにもらってきたんだ」と父親が子どもに言っても、子どもは「はぁ？」という感じですね。ありがたいとは思うけれど、自分にとってリアリティのない物をもらっても戸惑うだけ。しょうがなくバッグに入れるけれど、弁当箱の下につぶれているケースもままあります。

やはり、合格祈願は自分で行かないと。

親と一緒に行って、気持ちをそろえて祈願をすると、気持ちも引き締まります。

正月の忙しいときでも、このときだけは時間をあけましょう。密にならないよう、神社を訪れる時間帯や日にちには十分注意してください。

受験も差し迫った正月ですが、気晴らしで回ればいいと思います。カラオケよりずっといい。

なんならご祈祷《きとう》してもらうのもよいでしょう。

自分の家の近くもいいけれど、本人が「湯島天神に行きたい、一番御利益があるのではないかな」と言うのなら、付き合ってあげましょう。

お守りをもらいに行く時間がないのなら、塾の講師や学校の先生など、信頼している方に、自分への励ましの言葉を一筆書いてもらい、それをお守り代わりにするのもアリです。以前より少なくなりましたが、河合塾でも塾生から頼まれれば一筆書きます。

お守り代わりに試験会場に持って行き、励みになれば、我々にとってもうれしい限りです。

そんな情報も、お子さんに教えてあげてください。

第7限目

# まだ間に合う！受験直前、当日、直後、親子でがんばろう

## 「この子の実力はこんなもん?」最終模試の結果がすべてではない

共通テストが始まるのは年が明けた1月中旬の土日です。保護者の方は、「ここから受験が始まる」と思うと同時に、12月に入ると、「この子の勉強もここまで」と見切りをつけるのではないでしょうか。

11月にやった模試の結果が出るのが12月。最後の模試でA判定が出る子ばかりではありません。むしろ、B判定、C判定、D判定のほうが多いと思います。

模試の結果がかんばしくないと、ますます**「ああ、しょせんこの子の実力はたいしたことがない、もう志望校も無理」**などと夫婦で話し合ったりしていないでしょうか。

それは大間違いです。

この本の「第2限目」の項で、12月になってからがもうひとつの勝負どき、とお伝えしました。最後、お尻に火がついて自らやる勉強にはすさまじいものがあり、共通テスト前の真剣な勉強が成績の急進をもたらし、合格に導くことが多々あります。

共通テストはひとつの山場です。ここに向けて子どもたちは全身全霊、がんばります。

2日間にわたるテストが終わるとすぐに自己採点、学校や塾への報告、出願書類の締め切りと、非常にあわただしいのですが、一息ついて、私立大学の試験の間も勝負どきです。

ここでもう一息伸びる子も非常に多いのです。


つまり、**1月の下旬、また試験が始まる2月になっても、現役生はまだまだ伸びます。**

こうやってギリギリまで勉強し、自分を伸ばして立ち向かうのです。

その前に、保護者の方が「もうこの子はこんなもん」などとあきらめてはいけません。

せっかく最後に火をつけようとする子どもの意欲をつぶすことになります。

**志望校を親の一存で勝手に変えるなどということは御法度です。**子どもの力を信じましょう。

かといって、親のほうが先走って子どもをあおるのは、もっといけません。

あきらめない。子どもがあきらめそうになったら、「大丈夫！」と支え、内心不安でも、どっしりと構えて子どもに安心感を与えましょう。

## 出願用紙は本人が書いて、親子でダブルチェック

1月になると、時間的にも精神的にも余裕がなくなります。まだ余裕のある12月のうちに出願の確認をし、出願用紙を書いておくこと、そして共通テスト後の勉強の方針を立てておくことをすすめます。

共通テスト自体の出願はすでに10月初旬までにしてありますが、共通テスト利用の私立大学の出願は12月以降が中心です。

一般選抜も共通テストが終わるとすぐ翌日、あるいは3日後に出願、という場合も多いので、とにかく出願用紙を取り寄せて項目を埋めて出せる状態にしておきます。

子どもが勉強でちょうど忙しいときだからと、保護者が出願用紙を書いてあげることもあるでしょう。それもいいですが、できれば本人が自分で書いて、気持ちを上げてはいかがでしょうか。書き終わったら親子でダブルチェックします。

学校によって書き方が微妙に違うので、注意して書きましょう。

**保護者の方は、振込が必要なので、振込の締め切りなどもよくチェックしてください。**

仕事を持っている方は、昼間なかなか銀行に行けないという場合が多いでしょう。

保護者がうっかり忘れて出願できなかった、ということが絶対にないよう、スケジュールに入れておいてください。

また、共通テストが終われば、すぐに私大の受験が始まります。緊張感がマックスになる共通テスト後は、自己採点、学校や塾との擦り合わせ、家庭での相談など、やることが多く、すぐに勉強が始められないこともありますが、試験日はまたたく間にやってきます。

共通テスト後の勉強が、私大の合格を左右することもあるので、すぐに始められるよう、12月中に1月後半から2月にかけての勉強スケジュールを立て、準備をしておきましょう。

**共通テスト後は、受験する私大の過去問をやるのが勉強の中心なので、絶対に受ける、と決めている大学の過去問を購入したりしてそろえておくこと。**時間が取れるなら時間割も本番を想定して過去問を解いていきたいです。

コピー代もそれなりにかかりますので、お金の準備、あるいはコピーそのものを手伝ってあげるなど、保護者の方が協力してあげてください。

**復習ポイント**　**模試の結果が悪くても、親が口出しして志望校を勝手に変えない**

## 共通テスト直前❶　最後の仕上げの2週間
## 夜型から朝型へ、コンディションを整える

1月に入ると、子どもたちは共通テストに向けて、より一層真剣に勉強をします。私立大学しか受けない子でも、共通テスト利用の選抜に出願することが多いので、ほとんどの受験生は1月中旬を目指して、正月もなく、ガンガン勉強するはずです。

1月の共通テストまでの2週間ちょっとは、保護者の方もびっくりするほどの集中ぶりという子が多いです。試験範囲が広く、問題数も多いので、過去問をやると焦ってしまうのも、この時期です。しかし、試行問題や模試の解き直しや参考書の問題、センター試験の過去問を繰り返しやることで、だんだん問題数にも出題形式にも慣れてきます。

**この時期は、とにかく健康に留意しましょう。特に、メンタル面の気遣いが必要です。**

共通テストは、まさに受験のスタートなので、本人にとってのプレッシャーが非常に大きい。「失敗してはならない」と思えば思うほど、体中に力が入ります。

こんなときこそ、いつもどおりでよいのです。

ふだんと同じ食事、ふだんと同じ声のかけ方でいい。わざわざ気にして話しかけるとか、逆にうるさいだろうから話しかけないとか、そんなことを考える必要はありません。

勉強に集中しているときには声をかけない、というのはありますが、食卓などくつろぐ席では、たわいもない話をいつもどおりにしてください。

ただ、ひとつだけ、**夜型で勉強をしている場合は、朝型のスタイルに直しましょう。**

共通テストは1日目が文系、2日目が理系科目です。文系で地歴を1科目しか取らない場合は、10時40分から始まり、2科目なら9時30分から始まる。昼を挟んで国語、英語と続き、18時10分にようやく終わります。特に英語は15時10分から始まるのできつい。

翌日の理系は9時30分に始まり、終わるのが17時50分。

国公立大学を受験するお子さんは、2日間、出ずっぱりです。1月に入ったら、試験開始1時間前には会場に着ける時間に起きて朝ご飯を食べるような生活を送りましょう。

| 復習ポイント | いつもどおりの食事と会話で、健康とメンタルに留意する |
| --- | --- |

## 共通テスト直前❷　前日と当日の対策
## 緊張マックスだから、〝おまじない〟も効果的

共通テストの前日と当日は、お子さんの不安と緊張感がマックスでしょう。国公立を受験する場合はもちろん、共通テスト利用で私立大学に出願しているにしても、「最初の試験は外せない」という思いが強く、体が固まっていると思います。

こんなときに、ますます緊張感を高めないよう、大人はいつもどおりに接することです。ことさらやさしくしない。もちろん、本人が気にするようなことも言わない。いつもと変わらない小言と笑いでよいのです。

**前の晩の食事や当日朝の食事、これはますますいつもどおりがいいです。いつもと違うものを食べておなかの具合が変わると、本人がつらいです。**おなかが痛くなったら最悪ですし、保護者の方も後悔するでしょう。

持ち物のチェックはしてあげてください。マークシートなので、基本は鉛筆、消しゴム

は念のため2～3個。真新しいものではなく、事前に多少使ってなじませておきましょう。もちろん、受験票も忘れないようにします。

会場は暑いかもしれないし、寒いかもしれない。さっと脱ぎ着ができるカーディガンなどを持って行くといいでしょう。

お弁当も、いつも作るならいつもの弁当で、塾や学校の昼はコンビニが多いというのなら、コンビニのおにぎりや弁当。張り切ってこの日だけ手の込んだ手作り弁当にする必要はありません。

慣れた食事がよいのです。ましてハートをかたどったり、「がんばってね！」なんてメモを入れたりするのは、かえって動揺（！）を誘うので避けたほうが無難です。ただ、お弁当の量は少なめがよいです。午後も試験があるので、多すぎると眠くなります。

朝から夕方まで緊張の連続です。とにかく万全の体調で受けられることが一番です。何か〝おまじない〟のようなものがあれば、それもどんどん活用してください。

## 「受験の日直前はホットレモンを飲むと落ち着く」「勝負用に赤いソックスをはいていく」

## 「試験の日はお気に入りのこの曲を電車の中で必ず聴く」

なんでもいいのです。そういうのはあらかじめ作っておいたほうがいい。

スポーツ選手も、勝負のときはいつも同じ服を着るなど、さまざまなおまじないを実行しているようです。

## 「目をつぶっているだけで休まるよ」

当日は、緊張のあまり、いつもなら絶対にやらないイレギュラーなことをしてしまう、とはよくあること。おまじないを励行するのも、心を落ち着けて、そういう失敗を防ぐひとつの手立てです。

とにかく、「いつもどおり」を作り上げましょう。そして、あわてないこと。

試験の教科と教科の間は意外に時間があります。トイレなどもゆっくり行けるように時間が取ってあるわけですが、たとえば文系の場合、午後はとにかく国語が終わったら、トイレなどやるべきことをやり、早めに席に戻って、とにかく読み慣れた英文を読む。英語を読むスピードをもう一回思い出して体にしみこませるのです。

実はこれも、おまじないなのです。もし余裕があれば、子どもにこのことを言ってあげてください。

英語は15時10分リーディングからスタートです。いつも勉強する時間とは、だいぶ違う時間から試験が始まる。そのことに緊張してしまうと、うまくいかない。せめて、何度か読んできた英文を読み返して、体にリズムをつけます。

そして、リスニングが終わって、ようやく18時10分に終了です。

長い長い1日のはずです。

**帰宅したら、何も言わずに「お疲れ様！」と好物の夕食を出しましょう。**翌日も試験があるのなら、早めに休むことです。1日目の共通テストについては、解答速報がすでに出ていますが、この日の夜に自己採点するのは、やめておきましょう。時間もかかりますし、結果がよくなかったら、翌日に響きます。

緊張したり気持ちが高ぶったりしてうまく眠れなくても、「目をつぶっているだけで休まるよ」と声をかけてあげてください。

| 復習ポイント | 朝から夕方まで緊張の連続、とにかく万全の体調で臨ませる |
|---|---|

## 共通テスト直後❶　落ち込んでる場合じゃない　自己採点をもとに出願校を最終決定する

はじめての共通テスト、うまくいったかどうかは、本人が何も言わなくても、保護者の方なら、その足取りや顔色などでわかるはずです。

もし、結果がよさそうなら、保護者は何もすることがありません。

「よかったね！　予定どおりの受験でいいか、学校や塾と確認してきてね」ですみます。けれど、結果が悪いときが問題です。本人は押し黙り、肩を落とし、絶望的になっていると思います。

こういうときに備えて、保護者のみなさんは、できればインターネットなどで、共通テストの速報を確認して、動向を押さえておくとよいでしょう。

**本人が「できなかった……」と落ち込んでいるときは、実は多くの受験生も「できなかった」と思っていることが多いのです。**問題がちょっとひねってあった、過去問には全然出てこないような問題が出た、など。

「全体の平均点もあまりよくないみたいだよ、だから思うほど悪くないかもしれない」などと根拠立てて言ってあげられる場合は、データを大いに活用しましょう。

特段、平均点なども悪くなく、点数が不足している場合は、「そうか」と言葉少なく、そのまま受け止めてあげるのがよいでしょう。すぐになんらかの決断をしたり求めたりしないほうが良いです。

また、大手塾では、共通テストが終わると正答の横に自分の解答を書き込むと、合格の予測ができるシートを用意しており、インターネットからダウンロードできます。これに書き込むことで自己採点ができます。

**大手予備校では、すかさず、共通テスト利用の私立大学の合格ラインを予想で出します。**

国公立大学についても同様で、東京大学など、いわゆる「足切り」（規定の点数を取れていないと、二次試験や私大の試験を受ける権利がなくなる）を設けている大学では、それに相当しているかどうか、確かめることができます。

過酷な作業ですが、受験生なら避けて通れない作業でもあります。こんなときこそ、保護者が寄り添い、しっかり受け止めてあげましょう。

何も言わなくても、保護者が心配しているのはわかります。むしろ、保護者の言葉に傷つくこともあるので、このときだけは言葉選びには注意しましょう。

## 私立大学は、2月中に結果を出しておきたい

自己採点が終わったら、学校や塾に結果を持って行きます。そして、出願する学校を最終的に決めるのです。

国公立の二次試験の出願締め切りは2月上旬が多いです。2021年度は、共通テストが3回ある関係で多少の変化はありますが、それでも自己採点をしたらすぐに二次試験等の出願校を決めます。あわてないように、あらかじめ願書は取り寄せておくべきです。

また、私大の場合、複数回の入試機会を設定している大学もあり、3月下旬まで試験のチャンスはあります。ただし、日程が遅くなっての試験は、募集人員が少なく、入学決定もギリギリになってしまうこともあり、落ち着きません。**できれば私立大学については、2月中に結果を出しておきたいものです。**

自分の実力を共通テストの自己採点で客観的に見て、それ以降の戦略を早めに決めまし

ょう。

## すぐに切り替えて、出願校の過去問を解いていく

共通テストが終わり、フーッと一息ついてリセットすることは大事ですが、いつまでも休んでいては時間のロスです。**できれば、「一息つく」のはせいぜい3日間。そこから怒濤《どとう》のように出願校の過去問を解いていきます。**

だからこそ、早めに過去問のコピーをして、整えておくべきなのです。「ええと、何やろうかな」なんてここから始めていては時間がもったいない。

「さて！」と切り替えたらすぐに机の前で過去問を解きます。

友達と腹の探り合いや傷のなめ合いをしているうちに、2月がすぐに来てしまわないよう、保護者の方はここで一声かけましょう。

**復習ポイント**　**共通テストを引っ張らない、受験はここからが勝負どき**

## 共通テスト直後❷　最後まであきらめない！受験が終わるまで、学力は確実に伸び続ける

共通テストの結果がいまひとつのとき、保護者の方は、「もうダメだ」と思うかもしれません。しかし、ここでまた伸びるのが、現役受験生の底力です。

**1月下旬から2月の1か月間は、1時間、1時間が本当に大事です。**私はその間も生徒といろんなやりとりをします。自由英作文の添削もしますし、励ましの言葉もかけます。

本人たちが真剣になれば、この1か月でかなり伸びます。結果的に

「第一志望になんとか間に合いました！」

と報告に来てくれる生徒もいます。

「そんな子、そうたくさんいませんよね」

と保護者の方は思うかもしれませんが、私の関わった生徒さんには多いです。

だから、保護者の方も、粘ってほしいのです。

実績を出している進学校の先生の多くは、「生徒の受験力は夏で決まる」というおっしゃり方をしますし、大部分の保護者の方は、11月の模擬試験の結果を見て、「もうダメ」だと。そんなことは全然ない、そこから伸びるのだと、私はずっと申し上げています。

**だから志望校は模擬試験の結果だけで下げてはいけないのです。**

得点力に結びつけて点を上げていくために、今の勉強がどう役に立っているか、自問自答しながらとにかく粘り強く勉強することです。

周りの優秀なクラスメイトを見ると落ち込んでしまうかもしれませんが、人は人、自分は自分。たとえば、YouTubeの受験生激励トーク。そうしたものに癒やされて、なんとかまた果敢に挑戦してほしい。前向きに「点取り屋」に徹するということです。

そもそも、受験勉強で得た85％の知識は出題されず、その日出た問題しか解けないわけで、いわば無駄だらけなのです。でも、その無駄をわかっていながら問題を解いていく力がつけば、もう怖いものはありません。

**復習ポイント**

**塾も、学校も、保護者も、最後まで粘る**

## 合格発表はＷＥＢか自動音声システム 手続き書類は不備がないよう厳重にチェック

かつては学校まで行って、張り出される合格の番号を確認したものですが、今はＷＥＢや電話の自動音声システムなどで合格を知る、というのが一般的です。その後に合格の通知や手続き書類などが送られてきます。

希望する大学に見事合格した時点で、ほかの滑り止めはもう受けなくてもいいでしょう。もちろん、受験料を支払ってしまったのだから記念に受ける、というのも自由です。

合格してほっとして、家族やおじいちゃん、おばあちゃんに伝えて、学校や塾に伝え忘れることがあるかもしれません。**学校も塾も心配していますから、できるだけ早めに本人からの連絡をお願いします。**

4月から通う大学を決めたら、期限までに入学金や学費を大学に支払い、必要書類を提出します。期日に間に合わない場合、書類に不備がある場合は合格取り消しになることもあります。せっかく合格した大学を、保護者の不備で取り消しになるような事態は絶対に避けなければなりません。緊張感を持って手続きしてください。

なお、滑り止めの学校に支払った入学金は、一度払ったら多くの場合は戻ってきません。入学金以外の学費や諸会費、施設設備費に関しては、遅い時期の支払い締め切り日が別に設けられている場合が多いですが、入学辞退の申請を行った場合、全額返還されるケースがほとんどです。合格した大学の前期分の授業料や諸会費、施設設備費などは、もちろん入学前に支払います。

ちなみに1年間でいうと、**文科系学部の場合、115万863円※、理科系学部が151万8333円※となります。**大きなお金の用意が必要です（※文部科学省 平成28年度私立大学入学者に係る初年度学生納付金平均額）。

ただ、昨今の時世を鑑みて、分割で支払う方法などの提示もあります。奨学金の申請をすることもできるので、あらかじめ大学のホームページなどでチェックしておきましょう。

**復習ポイント**

**書類に不備があったら台無し！　入学手続きまでしっかりと**

## 第一志望に受かる確率は、20〜25％！「置かれた場所で咲く」ことも大事

行きたかった第一志望の大学に残念ながら不合格だった場合、子どもの落胆はとても大きいです。保護者もなんと言ってなぐさめたらいいのか、と不安に思うでしょう。

私のところにも生徒が報告に来ますが、合格の結果の受け止め方は生徒それぞれです。

「立教、受かりました」

「よく受かったな、おめでとう！　受験前にメンタルやられてたから、心配していたよ」

そんな会話で盛り上げようとすると、泣き始める子がいます。うれしくて泣いているならいいのですが、「早稲田に行きたかった……」と。

そして、泣きながら、「このままでは悔しいです、立教には入学するけれど、勉強して絶対、早稲田に編入しようと思います」と。

実はこれ、よくあるパターンなのです。

**第一志望の大学に行けない、でも浪人はしない、第二志望の大学に入学はするが勉強して編入する。いわゆる「仮面浪人」です。**

こんなとき、私は、「立教いいぞー、かわいい子がたくさんいて友達できるぞー、キャンパスもいいし」と。本人はもちろん納得しませんから、涙が止まりません。ですから、「6月になって、まだ編入したいと思っていたら来いよ。また勉強しよう」と声をかけます。

しかし、6月になってもその生徒は私の前に現れません。大学に通い始めると、やはり楽しくて満足するのです。時が解決します。

## 浪人は覚悟が必要、〝仮面浪人〟はさらに難しい

**第一志望の大学に受かる確率は、だいたい20〜25%程度だと言われています。**

多くの子は、第一志望には受からないことになります。10か月がんばって結果が出ないと、本人も、我々も残念な気持ちでいっぱいです。けれど、受からなかったのは、自分の息子や娘だけではありません。

私は、「置かれた場所で咲きなさい」というのはある意味、真理だと思っています。通

い始めると、どの子もその学校になじみ、そこで楽しさややりがいを感じていきます。

仮面浪人は浪人よりも難しいです。周りにだれも受験勉強をしている子がいない中で、大学生のふりをしながら浪人生をするのは、よほどの意志の強さがないと難しい。

でも、そう納得するには時間がかかります。

保護者が「第二志望の学校に行けばいいじゃないか」と思っているなら、「仮面浪人なんて無理」などと言わず、あまり刺激せずに、**「入ってからがんばればいいよ」と言って入学させればいいのです。きっと入った学校で楽しめると思います。**

ただ、国公立や医学部、早慶にどうしても行きたい場合は、「浪人する」と言い張る子もいます。本来受験前に親子で話し合っておくべきことですが、受験後であれば、とにかく膝をつき合わせてきちんと話し合うことが大事です。

浪人生は非常に孤独です。予備校のクラスメイトがいるにしても、ビミョーな関係ですし、自分の力で翌年に合格をもぎとらないといけない。あとがない、というプレッシャーもあります。当然、上位校狙いなら、勉強時間も毎日8時間、10時間を繰り返していかないと翌年の合格は導けません。

保護者の方にとっては、出費も負担です。予備校の1年間の授業料、そして夏や冬の講習を含めれば、文系の1年間の学費に届くくらいのお金がかかります。

強い意志を持ち、1年分の学費をかけて浪人するのか。覚悟はあるのか。そこはきちんと確かめましょう。

経済的に難しいのであれば、どこか受かっている大学があれば、保護者のほうから「受かった大学に通ってほしい」と言ってもよいのです。

これは、仮面浪人をしたいという子にも同様です。1年余計に大学に行くのですから。

**行きたい大学に受かるのが一番よいですが、そうでなくても、いくらでも咲くことはできるし、人生のリベンジはできます。**

浪人せざるを得ない場合は致し方ありませんが、入る大学があるなら、資格試験を目指す、充実した留学を検討する等、後ろを振り返るより前を向いて歩み出すほうがリスクが少ないように思います。

**復習ポイント**　**第一志望だけが、最良ではない！　受かった学校で花開こう**

特別授業

受験生必読！

# 英語の合格点を奪取する
# 二本柳流　必勝メソッド

この章は、河合塾英語講師・二本柳啓文先生が、
受験生にぜひ伝えたい、特別な英語攻略勉強法です。
授業中にも教えない内容満載！
ぜひお子さんとご一緒に読んでください！（編集部注）

必勝法 その1

## どの教科より配点が高いのが英語 英語を制する者が受験の勝者になる！

英語は、とにかく勉強して、受験でよい点数を取ってください。

なぜなら、文系の場合は、配点が英語を超える教科が皆無だからです。**共通テストの場合、もともと現代文・古文・漢文含めた国語、地歴公民、すべてに比べて英語の配点が1・5倍近くです。**

これが「国際」という名前がついた学部では国語1、地歴1、英語2という配点の仕方になるのが平均的ですから、私大文系の場合は、英語で点数が取れないと、ほぼアウトとなってしまうのです。

理系の場合は配点はさまざまですが、いわゆる上位校の理工系の学部、慶應義塾大学医学部などは、英語と数学は同じ配点になります。数学ⅡB・ⅢC両方あっても、です。

数学と英語が150点ずつ、理科は1教科でも2教科でも100点ずつ。これが一般的な配点です。少し入りやすい大学になってくると、英語の配点が高いと理系が逃げてしまうので、数学のほうが配点が高いということもあります。

理系の場合、主要な学会の本部がイギリスやアメリカにある場合が多いので、英語を読んだり書いたりする機会が多い。従って、英語の配点を高くして、入学後に備えておかねばならないわけです。

**英語なしで受験できないか？**　特殊な例ですが、東京学芸大学という国立大学は、共通テストの終わった二次試験において、英語は必須になっているのですが、例外として小学校の教員免許を取る養成学科は、英語選修以外の国語も社会も数学も理科も、すべて英語の試験はありません。

しかし、これは本当に特殊な例で、通常、私大の一般選抜や国公立の二次試験のほぼすべてに英語が必要ですし、むしろ英語と小論文だけで受験、というような大学が増加傾向にあるほどです。

## ◆「やってもやっても点数が上がらない」は大間違い

英語は「やってもやっても、点数が上がらない」と思いこんでいる生徒がなんと多いことでしょう。保護者のみなさんも同様ではないでしょうか。

「やってもやっても」には2つのタイプがあります。

**・自分だけが「やってもやっても」と思っているだけで、実は勉強量が少ないタイプ。**

これは、「受験勉強は英語500時間以上」にあてはめて、もっとやってもらうしかない。

**・「やることはいろいろやっているんだけれど、結果が伴わない」というタイプ。**

こういう子は、真面目な子に多いです。いろいろと手を出しすぎているのでしょう。

学校の先生にこの教材がいいと言われたからやった、塾でもすすめられた参考書を買った。YouTubeの英語の解説も合間合間に見る。

でも、どれもやりきれなくてしっかり頭に入らず、全部が中途半端になって、身にならない、だから手応えがない。

どれかひとつというのなら、学校の予習と復習をまずしっかりやりましょう。

学校の勉強は「総合筋トレ」です。YouTubeはあえて視聴しなくてもいいから、予習と復習をしっかりやって、英語の体力をつける。

あれこれやると、反復の回数が足りなくなることが問題なのです。

英語という教科は、読み書き聴くのすべてを何度も繰り返して徹底的に覚えることが基礎になる。

徹底的に覚えたつもりでも忘れるのが英語なので、何度も繰り返さないといけないわけです。そこを覚悟しないといけません。

この参考書、あの参考書とやっていて、部活もある、委員会もある、友達ともやりとりするとなると、「腰を据えて同じ教材を何度もやる」ことができません。

いつもふわふわしている状態。そうすると、自分ではやっているつもりでも反復が足りず、英語は「いくらやっても伸びにくい教科」になってしまうのです。

受験産業の最前線でやっている講師が口をそろえて言うのは、

**「単語を覚えられないという生徒に限って、反復が足りない。そんな回数で覚えられるなら苦労しない」**

とにかく、受験生全体に言いたいのは、腰を据えろ、ということです。

次の項からは、具体的な英語の必勝法を伝えます。

**まとめ**

**腰を据えて、学校の予習・復習を100%やりきる**
**がんばっているつもりでも、まだまだ勉強量が足りない**
**英語は、何度でも繰り返す覚悟が必要**

必勝法
その2

## 自宅学習は90分をサイクルにすべし！一般選抜も英語の試験は90分が多い

何度も言いますが、大学受験に関して90分をひとつのサイクルとして勉強をします。教科を問わず徹底するが勝ちです。

**なぜなら、試験時間が1教科90分が多いからです。ですから90分間1教科の学習を続けます。**

いきなり「90分集中しろ」といっても相当きついので、学校の授業時間と同じ45分や50分から始めて、最終的に90分、連続性をもって勉強するところまで持っていきます。

最初の45分から、徐々に5分、10分とプラスしていけばいいのです。

学校のある日は4時間勉強するとして、文系なら英語と国語、理系なら英語と数学を90分ずつやって、残りを他教科に回すということです。

学校のない日は、何時に起きるかを自分で決めて、できれば午前中に90分を1～2回やってください。

たとえば河合塾の「大学受験科（高卒生クラス）」は9時台から授業が始まり、午前中2コマあります。

好きな教科はできても好きでない教科は難しいですし、長くできないのはわかります。「英語の長文を90分集中なんて、とんでもない！」と思っているなら、中身を30分＋30分＋30分に分割し、単語30分、文法30分、長文30分でもいい。

実際の試験だって、単語も出るわ、長文も出るわだから、それでいい。

**1教科90分継続できればよいのです。**

ちなみに、国語なら、現代文読解30分＋古文30分＋漢文30分でもいい。で、20分休む。それ全然おかしくないんですよ。受験も長文だけ90分はない。中身を分けるのは全然かまいません。

とにかく朝でも夜でも1日に1回は90分集中！　です。

**まとめ**

**1日に1回は90分集中して英語を自宅学習**
**単語30分＋文法30分＋長文30分でもよい**
**90分勉強、20分休憩。実際の試験をシミュレーション**

必勝法
その3

# 高3の1学期に英語に集中しよう！
# 文法をしっかりカラダに叩き込む

受験英語で点数が上がらない大きな理由は、最近の学習指導要領の英語が、「会話文中心で雰囲気重視」になっていることが原因としてあります。

英語の教科書に出ている会話文や長文などが、外国人たちの価値観や生活ぶりを伝える内容を読むものが多い。

そして、文章の中に出てくる一文を挙げて、その中で文法を説明することが多い。**文法そのものを「文法です！」とガチガチにやるようなつくりになっていないのです。**

それで、どうしても会話文の雰囲気に引っ張られ、文法を文法としてしっかり頭に入れられない子が増えているのです。これまで、あまりに知識偏重だという反省もあり、こうなったのでしょう。スピーキングもリスニングも遅れていた、と。

しかし、教科書を英語の情報コミュニケーションツールにすることを優先したために、肝心要の文法がないがしろにされ、しかもそのわりには「しゃべれない」というのが現状です。

**受験は「文法はだいたいこんな感じ」では絶対に合格できません。**正確無比の文章構造を知っておかないと、いざ問題を解こうと思っても、選択肢が選べないのです。

将来、ディベートするときも、英語の論理的な構造がわかっていないとしゃべれない。とにかく、高3になったら、1学期の間は文法を中心にやってください。

おすすめの参考書としては**『総合英語Evergreen』（いいずな書店）**がわかりやすい言葉で書かれています。

文法の知識をしっかり入れたところで、夏もしくは9月以降に演習問題をやるのが、あるべき英語の受験勉強の流れです。これは、高校受験でも同じです。

## ◆単語の暗記と語法の暗記もガッツリやる！

英語は語順が命です。その語順の規則を勉強するのが文法。

これに対して、語法というのはたとえば「discuss」（―について話し合う）の場合、何かについて「discuss」するには「about」はつけませんね。「discuss＋名詞」です。こうした動詞に「to」をつけるのか「at」をつけるのか、それぞれの使い方を覚えるものです。文法は語法の基本を理解した上で文章の構造を理解すること。つまり、**文法がわかる前に、語法をいくつも覚えておかねばなりません。**

単語の暗記と語法の暗記、それが英語の二大負荷です。これらの重要性を意識し始めるのは3年の1学期。ただ、単語は単語帳があり、学校でも単語の小テストがありますが、語法の勉強は細切れで出てくるため、なんとなく後回しになってしまいます。

しかしながら、実際センター試験もそうでしたが、語法の問題の出題が多くなっている。いつまでも放っておいて試験日を迎えると、点数が伸びない。ある程度まとまった時間を取って、ガッツリやっておく必要があります。まずは教科書からです。

**まとめ**

**1学期は文法を徹底的にやる**
**早さよりも正確さを身につけよう**
**出題の多い語法を後回しにしない**

## 必勝法 その4

# 単語は一語では頭に入らない！ フレーズやチャンクで覚える

「一に教科書、二に単語集」の優先順位を間違えては、伸びません。

せっかく習った授業の教科書中の単語を無視して単語集の単語をやるのは効率が悪い。英語の受験勉強の「第一歩」は、教科書や塾の教材の単語をやり始めます。授業で受けた英語の文章をしっかり読み返して、その単語を発音を意識しながら「きれいに」書いて覚えます。

ただ、それだけでは数が足りません。「あそこが抜けている」「あの分野の単語に全然触れていない」となる。

そこで、全体をならすために単語集を使っていくのが正解です。高校で単語集の小テストなどがあれば、それをペースメーカーとして有効活用しましょう。

「単語集2回、回しました。あとどうしたらいいですか？」と質問に来る生徒がいます。私はこう答えます。

**「2回回して頭に入るなら苦労しない。最低5、6回は回さないと、単語集の単語は頭に入らないよ。だから、忘れそうなときに反復する、忘れてから反復では遅い」**

語呂合わせの単語集なども売っていて、好きな子はいます。それはそれでいいのですが、語呂合わせ自体を忘れたりもします。とにかく、「急がば5、6回単語集を回せ」です。

## ◆単語の意味は、最初ひとつから徐々に増やす

では、実際の単語の勉強法に行きましょう。

英語が苦手で、1週間毎日やるという前提で言います。

違う単語を毎日、覚えましょう。一番いいのはフレーズ（1文）とかチャンク（2〜8語程度の意味のかたまり）として覚えるのが良いです。**『クラウン チャンクで英単語Standard』（三省堂）**などはその意味で素晴らしい単語集だと思います。

たとえば、Z会の『速読英単語 必修編』は、文章の中で単語を覚える形式で、単語が赤字になっている。ところが、次のページに文章中に登場した単語が羅列されている。そこから覚えようとすると、その文章を読んでいないから、「記号を覚える」みたいになってしまう。リアリティが持てないので、覚えにくいのです。

また、単語集は、一冊の本の中に情報過多なのもクセモノです。多義語だったら7つの意味、使うときのポイント、派生語、同義語、さらに例文やフレーズ、チャンクまで書いてあって、「これを全部覚えるんですか!?」と。

これではいつまでも先に進まないので、少なくとも1周目は意味1個でいい。高速回転、接触度を高めることを優先する。繰り返していくうちに自動的に視野が広くなりますから、2周目からは意味2個、3周目は意味3個とする。単語は条件反射で、見た瞬間、意味がわからないといけない。えーと、では試験中に間に合いません。

慣れてきたらスピードも上げましょう。

## ◆1日50語、毎週、確認のための自己テスト

**単語は10か月でいくつ覚えるか、基本は1200語です。**旺文社『英単語ターゲット1200』などです。1400、1900もあります。さらに、4500語を網羅した単語集もあります。1200語は、「知らないとやばいでしょう」という単語ばかり並んでいて、メインは、1900語です。行きたい大学のレベルによって、単語の数をもっと上げていく。東大早慶レベルなら、4000語くらいは必要です。

1週間のうち6日間は新しい単語を覚える日にして、7日目を1週間の単語をテストする日にします。かつ、個人によって変わりますが、この単語集を何月何日までに終わらせたいのかを決めます。受験のためとか定期テストのためとか、それで1日いくつやるか割り算で決まってきます。

覚え方はこんなふうにします。

**1900の単語を6〜7週間で終わらせたかったら1日約50語、週300語、覚えるというミッションです。**

1日目に新しい50の単語を覚えます。2日目は新しい50語と前日の50語を合わせて100語。3日目以降は50語と前日、前々日を合わせて150語。そうすると、6日目は300語になる。そして、7日目に300語のテストをするわけです。

次の週以降も同じように続けますが、2週目の7日目は前週の分300語とその週の分300語で合計600語の確認テスト。さらに3週目の7日目は300語+600語で900語。4週目で1200語。その後は、その週、前週、前々週、前々週の4週間分の確認テストをしていって、1900語をマスターします。

覚える量が多すぎると思ったら、1日の数を少なくしてもいいです。

こう書くと、「大変すぎる！」と思うかもしれませんが、何度も接しているから、すぐに意味が出てくるようになる。それぐらいやればできます。

大部分の単語集は、発音音声をスマホ等でダウンロードできます。**単語はひたすらコツコツ覚えるものですが、音声を伴ったほうが覚えられます。**

大変なのは承知の上で、私はこの覚え方を提案しています。

すべては第一志望合格のため。「単語集1冊くらい身につかないでどうするんだ！」と自分を鼓舞してください。

偏差値60以上の大学を受けるなら、最低限必要なことだと考えています。

最初はアップアップでも、だんだんエンジンがかかってくる。エンジンがかかる自分がうれしくなっていく。そこからが、「定着」の始まりです。どんどんやって、定着させてください。できないなどということはあり得ません。

**まとめ**

**教科書や塾教材の単語、その後に単語集、の順で覚える**
**単語は1語ではなく、フレーズやチャンクで覚える**
**1日に覚える単語数を決めて、7日目に確認テスト**

必勝法
その5

# 1000の熟語は絶対にマスター！言い換えと例文で覚えて使う

単語を覚えることのほかに、熟語を覚えることも、受験生のミッションです。熟語は後回しになりやすい。非受験学年は出てきたものを順番に覚えていきますが、だんだんほかの勉強が忙しくなるとおろそかになっていく。

熟語は自習できるので、学校で配られている総合的な教材の熟語のセクションでもなんでもよいので、それを使ってしっかり例文で覚えていきましょう。

**熟語集としては『解体英熟語』（Z会）などがおすすめです。**高3になる前の春休み、欲を言えば高2の夏休みあたりに、まずは形と意味だけでも覚えられれば理想的です。

熟語の形と意味を身につけたら、次にマスターすべきなのが、言い換えです。

「look down to」なら軽蔑するという意味ですが、それを「despise」と言い換える。「look up to」なら尊敬するだから「respect」。

だいたいひとつの熟語に2種類くらいの言い換え表現しかありませんから、それを身につける。そして最終的には熟語こそ例文で覚えないといけません。熟語は複数の単語の組み合わせですから、それを入れて、できれば英語で例文を書けるようにする。そうやって自分が書いた例文で熟語の形と意味を身につけます。

高3の夏休み終了時点で、日本語の例文を英語で書けるようにするのが理想です。熟語って本当にいろんな設問で使われます。前置詞の空所補充も熟語の一部であることが多いですし、単語との言い換えも問われます。

**基本の熟語は、1000です。その1000は絶対マスターしないといけない。**市販の熟語集の掲載数も1000が主流です。

大変だ、と思うかもしれませんが、全部を一から覚えるわけではないので、がんばってください。逆に言えば、たかが1000しかないにもかかわらず、英熟語ほど得点に影響するものはないのです。

**まとめ**

**熟語は高3になる前の春休みに形と意味だけでも覚えておく**
**熟語と単語の言い換えをマスターする**
**熟語を使った例文を英語で書いてみる**

必勝法
その6

## 単文の勉強をおろそかにしない！「文法・語法」も同時に身につける

正確に文構造をとらえて読む訓練として「単文を訳す」練習をすることは、とても大事です。今の英語教育は、少し長めの文章を読んで「ざっくりこんな感じ」ですませてしまうことが多い。

その一方、英文法や語法の要素を含んだ短い文章を英文解釈、つまり正確に訳す訓練をないがしろにしがちです。それでは、共通テストのレベルならともかく、本格的な国公立の二次試験や上位校では太刀打ちできません。

「英文解釈」というジャンルの参考書や問題集はたくさんあります。

おすすめとしては**桐原書店『英文解釈の技術』シリーズ**です。

超入門→入門→基礎→無印というようにレベル別になっているので自分に合ったものを選びましょう。

それらを読みながら単文を文法・語法と照らし合わせながら、どこがわからないか確認することが必要です。

特に重要なところは、マークなりアンダーラインをつけておきましょう。

しかし、1冊読んだだけで全部わかるという本はなかなかありません。参考書で「わからない」と感じるなら、塾などのわかりやすい授業を受けることをすすめます。

本当は高2くらいから「文法・語法」を学ぶときに、単文をしっかり解釈していけるといいでしょう。高3からのスタートだったら4月から8月前半、文法に軸足を置いて単文を学んでいくようにします。

そして、**単文がマスターできたら、段落1つ分くらいの分量の中文をていねいに読んでいき、その後、長文に挑むわけです。**

とにかく、単文をきちんと解釈できるようになることが、英語の勉強には非常に大切です。ここをおろそかにしないよう、心がけてください。

**まとめ**

**正確に文構造をとらえて読む練習をする**
**いきなり長文ではなく、単文をしっかり勉強する**
**文法・語法の勉強と同時に単文解釈を身につける**

必勝法
その7

# 長文は「養成期」と「演習期」に分ける コツコツ続ければ、必ず手応えがある！

受験学年の長文学習は、9月までの「実力養成期」と、9月以降の「演習期」に分けて考えます。

実力養成期の長文は、学校や塾の授業の復習をしっかりやることで身につけます。これも単語の覚え方と同じで、ひとつの長文を繰り返し読み直します。

**「理解するための読み直し」と、「定着させるための読み直し」に分けるのです。**

「理解するための読み直し」は、授業中の和訳、板書、正解の根拠など、きちんと理解できているかどうか、授業から3日以内に読み直しをしっかりやって、疑問点をあぶり出します。疑問を自分で解決できない場合は、学校の先生や塾講師に質問します。

次に「定着のための読み直し」は、できれば授業から1週間以内に音読します。

教科書でも塾の教材でも、ネイティブスピーカーの先生が吹き込んだ音声をダウンロードできます。またはCDがあるかもしれない。とにかく、必ず正しい音声と一緒に音読することです。

私の授業では暗唱させますが、無理であれば、5回から10回は繰り返してください。

9月以降の「演習期」は、こうした基礎を生かして、過去問を中心にやっていくわけです。学校や塾で問題集などの指定があればそれに従います。

高1、高2に関しては教科書でOKです。前述したような勉強は、そのまま定期試験の勉強としてやればいいのです。

もちろん、単語と熟語と文法もやって、これも定期試験の勉強とします。

英語はコツコツ勉強していると、ある日突然、伸びます。

**4月から勉強して、9月以降、思った以上に伸びている自分に気づきます。**この、突然の成長の手応えをぜひ感じるために、ひたむきに取り組んでください。こんなことをやっていたらバカになる、なんていう勉強はないのです。やると決めた方法で続けることです。

**まとめ**

**実力養成期はひたすら授業の復習、反復**
**定着のための復習では、必ず音読する**
**演習期は、徐々に過去問を解いていく**

## 必勝法その8

# ライティングを恐れることはない！ひな形をマスターして、添削を繰り返す

ライティング・英訳は、単語、熟語、語法、文法、長文読解など、英語の要素を頭に入れ、センテンスを条件反射的に思い浮かべて形にする。日本語で作文を書くときの要領と同じようなものです。

**与えられた語句を並べ換える整序問題を出す大学もありますが、英作文を課す大学もあります。**中央大学、それに早稲田大学商学部では、和文英訳が出ます。慶應義塾大学文学部（辞書持ち込み可）ではかなり難しい設問になります。

一方、国立大学では単純に日本語を英語に直しなさいという英訳ではなくて、「オリンピック開催に賛成か反対か」「成年の年齢を18歳に下げることに賛成か反対か」など、意見を問うものが出されます。発信型の出題が多く、英語が苦手なら、背筋が凍ります。

私立大学でも特に上位校では、指定語数は少ないですが「～について説明せよ」というタイプの説明型の出題が主流です。しかし、英語をしっかり勉強していれば、恐れること

はありません。記述するワード数が限られていますし、ひな形のようなものがあるので、まずはそれをマスターすることです。

**ひな形とは、主張があって、その具体例が次にきて、主張についての反証、その反証をもう一回ひっくり返して結論、という4つのパターンです。**これを指定された語数に応じて書きます。東京外語大のようにワード数を多く指定される場合は、具体例をふくらませます。

ひな形をマスターした上で、書ける英文のストックを増やします。だれもが書ける文章でかまわないので、題意を満たしていてミスがなければ得点できます。これだけでいい。

そのためには、書くべき英文がパッと出てこないといけない。使えるセンテンスを自分の頭の中にストックしてあるかどうか。素材としては熟語集や文法の参考書などの例文を英語で書いてマスターするというあたりから始めます。繰り返し書いて練習し、慣れておくことが大事です。

意見を問われる場合、その内容自体は重要ではありません。英語で書くのですから、そうそう複雑な意見は書けない。自分が書きたい日本語の文章よりも、だいぶグレードを落として書くしかないです。

## ◆学校の先生や塾の講師に採点をしてもらうこと

ライティングの学習については、採点してもらうことが必要です。学校の英語の先生や、塾・予備校の英語講師に採点してもらいましょう。オンラインで提出すると返ってくる、というのもあります。ただし、採点はすぐ戻ってきてほしい。郵送などで時間がかかると、何を書いたか覚えていないので、採点に対して納得感が薄くなります。となると、週1しか会えない塾講師より、学校の先生のほうがいいのかもしれません。

ライティングの採点は、良心的な先生なら、赤線を引いて書き直してくれます。

**つづりが違うのか？　内容がつながっていないのか？　腑に落ちないところは「なぜここで〇点引かれているんですか？」と聞けばいい。**

ライティングは、細かく指摘してもらわないと伸びていきません。

**まとめ**

**国立大学では意見を英語で書かせることもある**
**ひな形を覚えてパターン化することも大事**
**必ず採点をしてもらい、減点の理由も聞く**

# おわりに

受験が終わり、大学生になってから、私を訪ねてきてくれる生徒が毎年います。たかが10か月、受験でお付き合いしただけなのに、わざわざ会いに来てくれるのもうれしいし、一緒に食事をしたり、成人式を過ぎたらお酒を飲んだりしながら、近況を語ってくれるのもうれしい。

そんなときの彼らは、顔がいきいきしていて、本当に楽しそうなのです。彼らの表情を見ていると、「ああ、こういう場面に出会えてよかった」と、こちらが幸せをいただきます。

しかし、彼らは、必ずしも、第一志望の大学に合格したわけではないのです。一生懸命に挑戦したのに、あと一歩で届かなかった子もいる。あれだけ推薦の準備をしたのにずっこけて、一般選抜の勉強に追いつくのに青息吐息だった子もいる。

私にとっても無念で、「もっとやってあげられたのではないか」と悔やむこともあります。でも、彼らは心の底から晴れ晴れと「受験はよい経験だった」と言います。

子どもたちに、楽しく生きてもらいたい。幸せに生きてもらいたい。

その思いを、私たちは、授業という形でしか届けられない。

だからこそ、90分の授業に心と技を注ぎます。


子育て本に「受験期にはアレを言ってはいけない、コレもダメ」とありますが、そんなタブーを考えすぎないでください。

落ち込んだり、涙を流した分だけ、彼らは確実に強くなる。親子という関係ではなく、人間対人間として付き合ってアドバイスすればよいのです。

目前の勉強に精一杯の子どもたちに、真剣に語り、人生の長い道筋を見せてあげられるのは保護者しかいないのですから。

道に迷ったときも、迷いながらもまっすぐ進み始めたときも、心を注いで伴走する。

我々塾講師も保護者のみなさんも、受験生にしてあげられることは、〝信頼〟なのだと、改めて確信します。

２０２０年11月　　二本柳啓文

## 二本柳 啓文 (にほんやなぎ ひろふみ)

「河合塾」英語科講師。対面授業では、高３年および浪人生の講義を１週間に10校舎、20コマ以上をこなし、映像授業では高校１年生から早慶大入試対策まで数多くの講座を担当。高校の先生方からの信頼も厚い。また、受験生を持つ保護者を対象とした説明会も各校舎で受け持ち、保護者から絶大な支持を得ている。授業は、驚異のスタミナから繰り出される力強い言葉とスピードが学生に人気で、教室は満杯。日本で最も忙しい予備校講師である。

ブックデザイン＆DTP　亀井英子
編集協力　三輪 泉
写　　真　伊藤良一
校　　正　小川かつ子

# 受験に勝つ子どもの育て方

発行日　　2020年12月５日　第１刷発行

著　者　　二本柳啓文
発行者　　清田名人
発行所　　株式会社内外出版社
〒110-8578 東京都台東区東上野2-1-11
電話 03-5830-0368(企画販売局)
電話 03-5830-0237(編集部)
https://www.naigai-p.co.jp/
印刷・製本　中央精版印刷株式会社


ISBN 978-4-86257-539-5　C0037